LEÇONS

DE

LÉGISLATION CRIMINELLE

APPENDICE AU COURS DE CODE PÉNAL,

PAR

M. A. BERTAULD,

Professeur de procédure civile et de législation criminelle à la Faculté de Droit de Caen, avocat à la Cour impériale.

AMNISTIE. — GRACE. — RÉHABILITATION. — PRESCRIPTION DE L'ACTION PUBLIQUE. — PRESCRIPTION DE LA PEINE. — ABOLITION DE LA MORT CIVILE. — NOUVELLES PEINES ACCESSOIRES ATTACHÉES A LA PEINE DES TRAVAUX FORCÉS.

PARIS,
Librairie de L. HACHETTE et Cie,
Rue Pierre-Sarrasin, 14.

PARIS,
Librairie de VIDECOQ Fils,
Rue Soufflot, 1.

CAEN. — Librairie de LEGOST-CLÉRISSE,
Rue Ecuyère, 36.

1854.

LEÇONS

DE

LÉGISLATION CRIMINELLE.

CAEN, IMPRIMERIE ADM. ET COM. B. DE LAPORTE ET Ce.

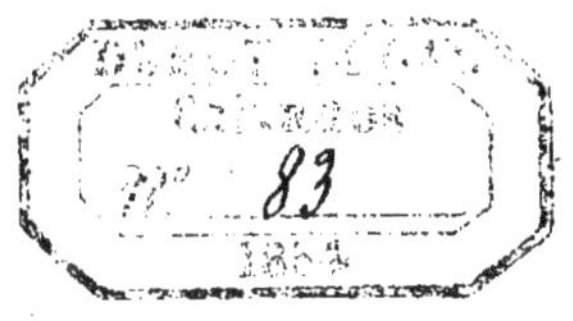

LEÇONS

DE

LÉGISLATION CRIMINELLE

APPENDICE AU COURS DE CODE PÉNAL,

PAR

M. A. BERTAULD,

Professeur de procédure civile et de législation criminelle à la Faculté de Droit de Caen, avocat à la Cour impériale.

AMNISTIE. — GRACE. — RÉHABILITATION. — PRESCRIPTION DE L'ACTION PUBLIQUE. — PRESCRIPTION DE LA PEINE. — ABOLITION DE LA MORT CIVILE. — NOUVELLES PEINES ACCESSOIRES ATTACHÉES A LA PEINE DES TRAVAUX FORCÉS.

PARIS,
Librairie de L. HACHETTE et Cie,
Rue Pierre-Sarrasin, 14.

PARIS.
Librairie de VIDECOQ Fils,
Rue Soufflot, 1.

CAEN. — Librairie de LEGOST-CLÉRISSE,
Rue Ecuyère, 36.

1854.

PRÉFACE.

La loi, l'infraction, la pénalité, l'agent, les causes exclusives ou de la condamnation elle-même ou de son exécution ou de ses conséquences, voilà les cinq divisions que j'ai adoptées pour mes explications sur le Code pénal. Dans ce cadre, j'ai pensé que je pourrais réunir et développer les principes généraux de notre législation criminelle.

Le *Cours de Code pénal* que j'ai publié correspond aux quatre premières divisions. Le temps m'ayant manqué pour revoir la partie correspondant à la cinquième division, je l'avais laissée de côté pour ne pas retarder une publication dont je n'avais pas en toute liberté choisi le moment. C'est cette dernière partie que je livre aujourd'hui à l'impression, sous le titre de *Leçons de Législation criminelle, Appendice au Cours de Code pénal.*

L'amnistie, la grâce, la réhabilitation, la prescription

de l'action publique, la prescription de la peine, telles sont les importantes et difficiles matières que j'explique dans ces leçons.

Ces matières ont un grand intérêt, puisqu'elles appartiennent tout à la fois au droit public, au droit pénal et au droit civil.

Envisagées au point de vue du droit pénal, ce sont peut-être les parties de ce droit qui mettent le plus en jeu les principes sur lesquels repose la légitimité des peines, et qui permettent le mieux d'apprécier les controverses que cette question capitale a soulevées : elles donnent à l'utilité d'études philosophiques, que certains criminalistes dédaignent, le caractère de l'évidence ; elles m'ont fourni notamment beaucoup d'arguments pour combattre le système qui fonde le droit de punir sur la justice morale, limitée par l'utilité sociale. Enfin, elles ont cet attrait pour ceux qui pensent que toute la science du droit n'est pas dans les textes ni même dans les livres des légistes, qu'elles ont été traitées, au moins d'une manière générale, par de célèbres publicistes. Ainsi, en ce qui concerne notamment l'amnistie et la grâce, n'est-ce pas une bonne fortune de rencontrer sur sa route Montesquieu, Rousseau, Beccaria, Filangieri, Bentham, M. Guizot, et d'avoir à opter entre de pareils guides ? Je n'ajoute pas M. Dupin et M. Troplong, parce que la science du droit les revendique ; elle les compte au nombre de ses plus glorieux représentants.

Si les publicistes se sont moins préoccupés de la prescription en matière criminelle, ils ne l'ont cependant pas négligée. Puffendorf, Filangieri, Bentham en ont recherché le fondement, et tous les criminalistes anciens et modernes ont compris le secours immense qu'au moins, sur cette matière, la philosophie du droit pouvait fournir à l'interprétation. Pour ne citer que des criminalistes contemporains, MM. Mangin, Boitard, Le Sellyer et Faustin Hélie ont fait une assez large place à des idées qui pourraient, à des regards superficiels, n'apparaître qu'avec un caractère purement spéculatif.

La matière de la réhabilitation offre un autre genre d'attrait ; c'est le nombre d'élaborations successives dont elle a été l'objet de la part du législateur : 1791, 1808, 1832, 1843, 1845, 1848, 1852, voilà les dates d'efforts faits pour approprier l'institution au but : depuis l'auteur du Rapport à la Constituante sur le Code pénal de 1791, Lepelletier de Saint-Fargeau, auquel nous empruntons tous l'expression de *baptême civique* pour caractériser la réhabilitation, jusqu'à M. Rouher, l'eloquent commissaire du Gouvernement dans la discussion de la loi des 3-6 juillet 1852, que d'hommes considérables ont pris part à cette œuvre, tant de fois reprise et modifiée ! M. Target, M. Réal, M. Dumon, M. le président Le Bastard, M. le président Frank-Carré. M. Chaix-d'Est-Ange, M. Crémieux ont tour à tour étudié la réhabilitation au point de vue législatif. N'y a-t-il pas de l'intérêt à suivre, à travers la mobilité des formes sous lesquelles le droit se produit, les progrès, le perfectionnement de l'institution?

Pour moi, que tant de liens de reconnaissance attachent à la Faculté de droit de Caen ; pour moi qui n'oublierai jamais qu'à ses savantes leçons je dois l'honneur d'être aujourd'hui l'un de ses professeurs, l'étude de la réhabilitation a eu ce charme particulier, qu'elle m'a permis de rappeler le contingent fourni, dans les travaux préparatoires, par mon savant prédécesseur, M. de Boislambert : c'est toujours, à mon sens, un devoir de citer un auteur dont on adopte les idées. La citation n'est plus seulement l'acquit d'une dette, c'est un véritable bonheur, lorsqu'on fait des emprunts à ses devanciers.

Je joins à la cinquième partie de mon Cours une leçon sur la loi des 2-31 mai 1854, qui a aboli la mort civile. Elle n'est pas, comme on pourrait être tenté de le croire, par trop dépaysée..... A vrai dire, la plupart des difficultés qui résultent de la loi nouvelle se rattachent aux principes que j'ai essayé de mettre en lumière sur les effets de l'amnistie, de la grâce, de la réhabilitation, de la prescription. Ma sixième leçon est plutôt un complément indispensable qu'un hors-d'œuvre. Je ne me suis pas dissimulé les périls d'une interprétation si voisine de la promulgation de la loi, et je puis reproduire ici l'observation que je me suis empressé de faire dans mon Cours :

« Je vous signale quelques-unes des principales « difficultés qui naissent de la loi nouvelle. Ma discus-« sion a moins pour but de les résoudre que de vous « les bien faire saisir. Je n'ai pas la prétention de de-« vancer l'œuvre du temps, et de faire à la hâte, pré-« cipitamment, ce que la doctrine et la jurisprudence « ne parviendront à faire qu'après beaucoup d'hésita-« tions et de tâtonnements. C'est un essai préparatoire « que j'ai tenté avec vous, et qui aura toujours pour « résultat de vous familiariser avec des textes qui ne « répondent pas, et ne peuvent pas répondre à toutes « les questions que la pratique leur adressera (1). »

Enfin la loi des 3-30 mai 1854, sur l'exécution des travaux forcés, m'a semblé avoir, avec la loi des 2-31 mai 1854, sur l'abolition de la mort civile, quelques affinités qui appelaient un rapprochement. Je me suis, sur ce point, borné à quelques indications ; je n'ai point entrepris l'interprétation de l'ensemble d'une loi dont

(1) *Leçons de Législation criminelle*, p. 159.

les dispositions principales appartiennent aux matières traitées dans mon *Cours de Code pénal.*

Les nouvelles leçons que je publie m'ont fourni l'occasion d'apprécier trois lois, œuvre de notre nouveau Corps législatif, et m'ont fait reconnaître qu'une Revue, dont les travaux sont d'un grand intérêt pour les jurisconsultes, n'avait été que juste lorsque récemment elle écrivait : « Des discussions nombreuses et « instructives ont certes donné la preuve que le sa- « voir et les lumières ne manquent point au Corps « législatif pas plus qu'aux assemblées précédentes de « la France (1). »

(1) *Revue des Deux-Mondes*, 1854, p. 1282.

LEÇONS DE LÉGISLATION CRIMINELLE.

APPENDICE

AU

COURS DE CODE PÉNAL.

DE L'AMNISTIE ET DE LA GRACE.

PREMIÈRE LEÇON.

SOMMAIRE. — Fondement rationnel de l'amnistie et de la grâce. — Opinion de Montesquieu et de Filangieri. — Explication de M. Guizot. — Historique. — Regard sur les quatre périodes du Ve au XIe siècle, du XIe au XIIIe, du XIIIe au XVIe et du XVIe siècle jusqu'en 1789. — Code pénal du 25 septembre 1791. — Interprétation demandée aux publicistes contemporains et aux faits. — Sénatus-consulte du 16 thermidor an X. — Charte de 1814. — Acte additionnel aux Constitutions de l'Empire. — Charte de 1830. — Art. 55 de la Constitution du 4 novembre 1848. — Constitution du 14 janvier 1852. — Sénatus-consulte des 15-30 décembre 1852. — L'amnistie a-t-elle perdu le caractère d'une loi ? — Solution de M. Troplong. — Objections. — Question ajournée. — Définitions de l'amnistie et de la grâce. — Grande variété dans la définition de l'amnistie. —

Définition de M. Le Graverend.—Définition de M. Mangin, d'après Denisart.—Définition de M. Dupin.—Critique.—Différence entre l'amnistie et la grâce.—La grâce collective a-t-elle les caractères d'une amnistie ?—Observations sur une opinion de Montesquieu.

MESSIEURS,

La société n'édicte et n'inflige des peines que pour sauvegarder son existence en sauvegardant la loi, qui n'a de puissance et de vie qu'à la condition d'une sanction. Elle ne menace et ne frappe que parce qu'elle a intérêt à prévenir et à réprimer la violation des commandements auxquels elle doit le maintien des rapports qui la constituent. L'application des lois pénales et l'exécution des condamnations ne sont légitimes que parce qu'elles sont autorisées par la justice et imposées par l'utilité sociale. Mais la répression que la justice autorise et que l'utilité sociale impose comme règle générale ne peut-elle pas, dans des circonstances spéciales et par exception, n'être pas réclamée par l'intérêt, ou même être contraire à l'intérêt, au nom et en faveur duquel elle est établie? N'est-il pas des cas où la loi et le pouvoir n'ont rien à gagner et peuvent avoir à perdre à la constatation et à la punition de certaines infractions? Ne peut-il pas importer à la société de laisser dans l'ombre des faits dont elle ne pourrait rechercher ou seulement reconnaître les auteurs qu'en remuant des passions qui sommeillent, qu'en réveillant des haines près de s'éteindre? La prudence politique ne demande pas, ne permet pas toujours tout ce que la justice autorise ; si la pénalité n'est légitime qu'à titre de moyen protecteur de l'ordre, pourquoi l'appliquer quand elle serait une cause de désordre ? Pourquoi poursuivre, pourquoi tenir pour exacte la constatation d'une culpabilité qui serait un embarras, parce qu'il serait également difficile de la punir et de la laisser impunie ? La loi doit se voiler ; le pouvoir doit fermer les yeux, et promettre de ne pas voir des faits accomplis qu'il ne pourrait réprimer sans péril.

La loi et le pouvoir abdiqueraient, s'ils promettaient l'impunité pour l'avenir ; mais, sans abdication aucune et pour l'accomplissement même de leur mission, ils peuvent garantir l'impunité au passé sur lequel ils ne sauraient avoir de puissance préventive, si cette impunité, loin de compromettre l'avenir, est de nature à l'assurer et à l'affranchir des dangers qu'un déploiement de rigueur multiplierait. La suspension de la loi pour certains actes que la société n'a pu empêcher, est quelquefois commandée par un intérêt impérieux de sécurité sociale. Le pouvoir n'aurait donc pas à sa disposition le moyen de faire face à tous les besoins sociaux, s'il n'avait la prérogative de décréter l'oubli d'infractions dont le souvenir ne serait ravivé qu'au détriment du repos public.

L'intérêt de la société, voilà ce qui explique et ce qui légitime la faculté de promettre, pour calmer les esprits, pour éteindre les dissensions, de ne pas entamer ou de ne pas continuer des poursuites, ou même de ne pas tenir compte de condamnations intervenues comme dénouement de poursuites déjà faites à raison de telles ou telles classes d'infractions dont les auteurs resteront ou seront réputés inconnus. Ces promesses de ne pas vérifier la culpabilité, ou de regarder la vérification comme non avenue, sont appelées du nom d'*amnistie* (sans mémoire).

L'*amnistie* ce n'est pas le pardon : le pardon s'adresse à des délinquants convaincus ; il implique la culpabilité ; il fait seulement remise, en tout ou en partie, du châtiment ; l'amnistie s'applique aux infractions, abstraction faite de ceux qui les ont commises ; elle renonce au droit de découvrir ou de regarder pour avéré, quoique révélé par un jugement, non-seulement le lien qui unit les infracteurs à ces infractions, mais le fait même des infractions ; elle promet aux actes plus que l'impunité, puisqu'elle leur promet la protection d'un voile à l'aide duquel ils échapperont à toute constatation. Si les agents profitent de l'amnistie, ce n'est que médiatement et indirectement, sans qu'on puisse dire qu'elle est introduite en leur faveur, puisqu'ils ne seront pas jugés, ou que, s'ils ont été jugés, le jugement, à cause des circonstances au sein desquelles il aura été rendu, sera écarté comme suspect.

Si l'intérêt, qui réclame en général l'application de la peine, peut, dans certains cas exceptionnels, exclure cette application, l'intérêt qui appelle l'exécution des jugements passés en force de chose jugée, et, partant, présumés, en vertu d'une présomption exclusive de toute preuve contraire, l'expression de la vérité, peut aussi quelquefois exclure cette exécution, bien que la présomption de vérité attachée au jugement ne reçoive aucune atteinte et ne soit nullement ébranlée. Le repentir du coupable, son retour au bien, les services qu'il a rendus, voilà des titres à l'indulgence et au pardon.

De là, pour le pouvoir, la faculté de faire grâce de la peine, de la remettre ou de la commuer en une peine plus douce.

« C'est un grand ressort des gouvernements mo-
« dérés, dit Montesquieu (1) (à tort repris, par Filan-
« gieri (2), qui s'écarte peu dans sa conclusion des
« idées qu'il critique), que les lettres de grâce : ce
« pouvoir qu'a le prince de pardonner, exécuté avec
« sagesse, peut avoir d'admirables effets. »

La grâce, à la différence de l'amnistie, s'adresse aux personnes directement et immédiatement ; c'est une faveur qui s'applique nommément à des bénéficiaires déterminés, à des infracteurs convaincus, à des condamnés dont la condamnation n'est pas anéantie, bien qu'elle ne reçoive pas son exécution.

Pour expliquer et justifier le droit de grâce, un éloquent publiciste, M. Guizot, a écrit : « Balottée
« entre le besoin de la justice et l'impossibilité d'ac-
« corder à la volonté perverse ou capricieuse de

(1) *Esprit des Lois*, liv. VI, chap. XVI.

(2) *De la Science de la Législation*, liv. III, chap. XXIII. — Voir aussi Bentham, *Principes de Code pénal*, IIIe part., chap. X.

« l'homme le droit de la régler, la société a ressenti d'a« bord les périls de l'arbitraire ; pour s'en affranchir, « elle a établi des lois fixes et des juges indépendants ; « tous ses efforts se sont dirigés contre l'influence des « volontés individuelles sur les jugements ; elle a es« sayé d'écrire d'avance la justice, d'enchaîner d'a« vance les juges. Une grande amélioration a résulté « de ces efforts. Mais l'infinie vérité n'a pas voulu « se laisser saisir tout entière ; l'insurmontable na« ture des choses n'a pas consenti à se reconnaître « toujours dans le texte des lois. Après avoir lutté « contre l'arbitraire, il a fallu y recourir ; et de même « que la précision des jugements légaux avait été in« voquée contre les imperfections de l'homme, de « même la conscience de l'homme a été invoquée « contre l'imperfection des jugements. Ainsi la néces« sité de l'arbitraire, indomptable pour notre faiblesse, « s'est fait sentir après ses dangers ; et, à défaut de ce « juge infaillible qui manque sur la terre, la liberté « que la loi avait voulu s'assujettir pour la régler est « venue, à son tour, au secours de la loi (1). »

Je ne saurais accepter cette explication ; je ne crois pas qu'*en fait de crimes privés, la grâce suppose l'erreur ou au moins l'excessive sévérité du jugement.* Sans doute, la grâce peut être employée comme un remède, en cas de méprise judiciaire ; mais elle n'a pas ce but ; ce n'est pas là sa véritable destination. S'il en était autrement, on attribuerait à la grâce l'effet d'ef-

(1) De la peine de mort, p. 167 et 168.

facer la condamnation ou au moins de la corriger. Ce n'est donc pas l'usage, c'est *l'abus* du droit de grâce qui aurait *l'inconvénient d'ébranler l'autorité de la justice légale ou la confiance dans la sagesse des lois, qui indiquerait dans les tribunaux ou dans les Codes des vices à réformer, qui ferait de la clémence un nouveau degré de juridiction, un tribunal d'équité appelé à réviser souverainement tous les jugements criminels, et n'offrant dans l'instruction administrative qui précéderait les sentences, ni dans leur forme, aucunes des garanties sagement exigées des tribunaux ordinaires.*

Ce n'est pas seulement du droit de grâce en matière politique, c'est de tout droit de grâce bien exercé, qu'il faut dire avec l'illustre écrivain : « La grâce n'implique « ni l'erreur des premiers juges, ni même, sous le « point de vue légal, la rigueur démesurée de leur « arrêt; elle ne compromet ni n'ébranle, en aucune « façon, leur autorité.... On peut même présumer que « l'habitude de la clémence, loin d'encourager la sé- « vérité des jurés ou des juges, la laisserait moins ti- « mide et plus libre (1). »

Du Ve au XIe siècle, l'amnistie et la grâce ne durent pas être d'une fréquente application. Les attentats contre la personne et la propriété des particuliers, c'est-à-dire les crimes dits *crimes privés* ne provoquaient pas une répression publique ; les victimes ou les familles des victimes avaient seules le droit d'intenter

(1) De la peine de mort, p. 172 et 173.

des poursuites dont l'objet n'était que le payement d'une composition ayant tout à la fois le caractère d'une réparation civile et d'une sorte de peine pécuniaire. La part affectée au fisc, le *fredum*, n'était en quelque sorte que la rémunération, le prix de l'intervention du pouvoir qui facilitait et protégeait l'action de l'offensé, bien plus pour prévenir les désordres et les violences d'une répression individuelle affranchie de toute loi, que pour opérer lui-même et directement la répression au profit de la société. En ce qui concerne les *crimes privés*, l'amnistie et la grâce eussent été des usurpations sur les droits des offensés et de leurs familles. Elles ne pouvaient guère s'appliquer qu'au *fredum*. Quant aux crimes qui s'attaquaient à l'autorité ou à la personne du chef, ils comportaient l'exercice du droit d'amnistie et du droit de grâce. Grégoire de Tours raconte qu'à l'occasion de la naissance d'un fils, Chilpéric fit remise de toutes les amendes dues au fisc, et rendit la liberté à tous les prisonniers (1). C'était là une véritable amnistie. Le même historien raconte que Clovis fit grâce de la vie à un condamné pour crime de lèse-majesté (2). Des grâces pour crimes de lèse-majesté sont encore accor-

(1) *Collection des historiens de France,* par D. Bouquet, tom. II, p. 278. — Mlle de Lezardière, tom. III, p. 263. — Albert Duboys, *Histoire du Droit criminel des Peuples modernes*, p. 385.

(2) D. Bouquet, tom. III, p. 378. — Mlle de Lezardière, tom. III, p. 263. — M. Duboys, eod. loc.

dées par Pepin, par Charlemagne, par Louis-le-Débonnaire, par Charles-le-Chauve (1).

Du XIe au XIIIe siècle, au moins pour les *crimes privés*, la répression ayant encore pour caractère prépondérant un caractère privé, puisque la poursuite d'office n'est que l'exception, le droit d'amnistie et le droit de grâce ne sont pas encore considérés comme des attributs de la souveraineté ; la souveraineté publique, à proprement parler, n'existait pas ; il est, en effet, de son essence de gouverner et de dominer les propriétés, et il n'y avait, en fait de souveraineté, qu'une souveraineté *terrienne*, dérivant de la propriété et s'y subordonnant (2).

Mais du XIIIe au XVIe siècle, quand la répression revêt le caractère d'une vengeance sociale et est regardée par la royauté comme une dette, que les infractions soient ou non commises dans le ressort d'une justice royale ; quand, en un mot, la répression est poursuivie dans un intérêt général, elle peut être abandonnée, au nom de cet intérêt que le roi personnifie. Le pouvoir royal, durant cette période, accorde un grand nombre d'amnisties. Ainsi, le 10 août 1358, le régent Charles accorde, sous le nom d'*abolition*, aux habitants de Paris, une amnistie pour les crimes commis contre son autorité, depuis le mois d'octo-

(1) Mlle de Lezardière, p. 264.

(2) Championnière, *De la Propriété des eaux courantes*, n° 317, chap. IX, § 3, *du Droit de police et de commandement*.

bre 1356. — Ainsi, le 15 décembre 1372, Charles V accorde des lettres d'amnistie pour tous les crimes commis avant le traité, par lequel le Poitou, l'Angoumois et la Saintonge se soumirent à l'obéissance du roi.—Ainsi, Charles VII, en mai 1448, accorde une abolition générale aux habitants du Languedoc. — Ainsi, dans la même année, dans le même mois, Charles VII accorde une abolition pour les crimes et délits commis par les habitants du Périgord, pendant la guerre.

A partir du XVIe siècle, jusqu'en 1789, la pénalité est tout à la fois un instrument de vengeance sociale, un instrument de vengeance divine, et une mesure d'intimidation. La royauté, qui concentre dans sa main la souveraineté sociale et qui aspire à se saisir d'une portion au moins de la souveraineté religieuse, est investie, à un double titre, du droit d'amnistie et du droit de grâce, éléments de ces deux souverainetés. En tant qu'elle représente la souveraineté sociale, elle prétend continuer la royauté impériale, la royauté romaine, et, comme son héritière, elle a le droit d'abolition pleine et entière, « *jus indulgentiæ perfectæ, quæ*, dit Cujas, *pœnæ inflictæ aut infligendæ gratiam facit, quæ impunitatem delicti tribuit et silentium accusatori indicit perpetuum, ut nec quandoque reum repetere possit* (1). » En tant qu'elle se constitue gardienne et vengeresse sur la

(1) Cujas. — Commentaire sur le titre : *De Generali abolitione*. — Code liv. IX, tit. XLIII. — Lesellyer, v. p. 563.

terre de la loi de Dieu, il semble qu'elle a bien le droit de renoncer à l'exercice sur la terre de la vengeance divine.

Cependant un célèbre publiciste, Bodin, contestait le droit d'*abolition* à la royauté, quand il s'agissait de la peine de mort ou d'une violation de la loi religieuse, et il restreignait l'exercice de ce droit aux contraventions à la loi civile (1). Cette théorie ne prévalut pas. Des amnisties furent accordées non-seulement pour des crimes de contrebande, de désertion, mais pour des crimes de schisme, d'hérésie (2).

L'*abolition générale* s'étendant à tous les auteurs d'une classe ou de plusieurs classes de délits, sans désignation individuelle, c'était en général l'amnistie.

Ce n'était, cependant, qu'une grâce collective, si elle n'intervenait qu'après condamnation et sans l'effacer, en laissant subsister l'infamie qui en résultait. Dans notre ancien droit, la distinction très réelle entre l'amnistie et la grâce collective n'a pas toujours été bien mise en lumière par les criminalistes.

L'abolition individuelle, octroyée à un délinquant déterminé, c'était la grâce.

L'ordonnance de Moulins, dans son art. 22 (1566) ; l'ordonnance de Blois, dans son art. 274 (1579), réprimèrent les abus des *lettres d'abolition*. L'ordonnance de 1670, tit. 16, consacra le droit d'*abolition*,

(1) Bodin, chap. XIII, liv. Ier, *De la Souveraineté*.

(2) V. Denisart, *Collection de décisions nouvelles* mises dans un nouvel ordre, par Camus et Bayard. I. V. Amnistie.

en le réglementant : la royauté renonçait à l'exercice de ce droit pour certains crimes, notamment pour le duel, l'assassinat, le rapt commis par violence, l'outrage adressé aux magistrats ou aux officiers de justice, pendant le cours de leur ministère. M. le premier président de Lamoignon, lors de la discussion de ce titre, faisait observer, avec beaucoup de raison, que le droit d'abolition était un attribut, non de la justice, mais de la souveraineté : « Le mot d'*abolition* est un terme de puissance absolue qui fait trembler les lois et suspend les effets de la vengeance publique ; *si judicas, cognosce ; si regnas, jube.* » L'*abolition* c'est un *commandement*, ce n'est pas un *jugement*.

Le Code pénal de 1791, rédigé sous l'influence des idées de Beccaria (1) et de Rousseau (2), interdit, dans son art. 13, tit. 7, 1re part., l'usage de tous actes tendant à empêcher ou à suspendre l'exercice de la justice criminelle, l'usage des lettres de *grâce, de rémission, d'abolition, de pardon ou de commutation de peine* pour tous crimes poursuivis par voie de jurés. Les mots *lettres d'abolition* ne s'appliquaient pas, dans la pensée du législateur de 1791, à l'*amnistie*, mais à la *grâce collective*, après condamnation. Il entendait désarmer la royauté, le pouvoir exécutif d'un droit dont l'exercice lui semblait dangereux et peu compatible avec l'idée de contrat comme base de la légitimité de la peine. Le contrat, en effet, était réputé intervenir entre,

(1) *Des Délits et des Peines*, chap. XX.
(2) *Contrat social*, liv. II, chap. V.

d'une part, la société tout entière, représentée par les dépositaires de la souveraineté, et, d'autre part, chaque individu. Or, la royauté ne personnifiait plus à elle seule la souveraineté; elle ne constituait qu'un des éléments du pouvoir social, et, par suite, n'avait pas qualité pour renoncer aux droits résultant du contrat au profit de l'être collectif dont elle n'était qu'une représentation partielle. Mais le législateur ne se désarmait, pas lui-même, et se réservait incontestablement le droit de suspendre l'action de la loi quand l'intérêt de la société lui semblerait appeler cette suspension.

Rousseau, qui inspira si souvent la Constituante, n'avait pas contesté au législateur le droit de ne point tenir compte de l'œuvre du juge au-dessus duquel il était placé : « A l'égard du droit de faire grâce ou « d'exempter un coupable de la peine portée par la « loi et prononcée par le juge, il n'appartient qu'à « celui qui est au-dessus du juge et de la loi, c'est-« à-dire *au souverain*; encore son droit en ceci « n'est pas bien net et les cas d'en user sont très « rares (1). »

Ainsi, sous le nom impropre de grâce, Rousseau admettait l'*abolition* ou l'*amnistie* législative. Cette théorie fut aussi la théorie de Bentham; il proscrivait la grâce comme un abus, au moins comme un danger; mais il reconnaissait que l'amnistie pouvait avoir un caractère de nécessité politique, et qu'elle

(1) *Contrat social*, liv. II, chap. V.

constituait non une violation de la loi, mais son exécution (1).

J'ai demandé l'interprétation de l'art. 13 du tit. 6 du Code pénal de 1791 aux théories contemporaines, aux théories qui ont précédé et suivi ce Code.

Les faits ne fournissent pas une interprétation moins expressive. Dans la période de 1791 à l'année 1800, le pouvoir législatif a décrété de nombreuses amnisties (2).

Le sénatus-consulte du 16 thermidor an X rétablit, au profit du premier Consul, le droit de faire grâce ; ce droit, toutefois, ne pouvait être exercé que dans un conseil privé et après avoir entendu le grand-juge, deux ministres, deux sénateurs, deux conseillers d'État.

Des amnisties et des grâces, sans distinction et sans invocation des dispositions du sénatus-consulte du 16 thermidor an X, furent accordées par le premier Consul, puis par l'Empereur.

La Charte de 1814 investit le Roi du droit de grâce, et ne s'expliqua pas sur le droit d'amnistie.

L'art. 23 de l'Acte additionnel aux Constitutions de l'Empire trancha la question au profit du pouvoir exécutif, et déclara expressément que l'amnistie était une prérogative de l'Empereur.

(1) *Code pénal*, IIIe part., chap. x.

(2) M. Faustin Hélie, III, p. 742, donne l'énumération de ces amnisties. — V. aussi MM. Dalloz, *Répert. alphab. V. amnistie*, p. 506, 507 et 508, à la note.

La Charte de 1830, comme la Charte de 1814, fit du droit de grâce un attribut de la royauté ; mais elle ne parla pas du droit d'amnistie. L'amnistie n'était-elle qu'une espèce de grâce, une grâce plus large, plus générale que la grâce proprement dite? Le droit de l'accorder appartenait au pouvoir exécutif, au Roi, et pouvait s'exercer par voie de simple ordonnance.

L'amnistie avait-elle, dans la réalité, les caractères et les effets d'une loi? Au pouvoir législatif seul appartenait le droit de la décréter.

La question fut vivement controversée sous la Restauration et sous la monarchie de Juillet. Dans la pratique, fut-elle résolue par les faits? Des mesures ont été prises sous le nom d'*amnistie*, sans le concours des Chambres ; mais le nom d'*amnistie* n'a-t-il pas souvent couvert des *grâces collectives*, ne réagissant pas sur le passé? N'a-t-il pas aussi souvent couvert des actes qui étaient bien des *amnisties*, en ce sens qu'ils prévenaient des poursuites ou les paralysaient, mais qui, ne réglant que des rapports d'avenir entre le pouvoir et les bénéficiaires, ne lésaient aucun tiers et ne pouvaient guère soulever de réclamations judiciaires? A qui l'excès de pouvoir faisait-il grief? Qui avait, sinon qualité, au moins intérêt pour s'en plaindre?

L'art. 55 de la Constitution du 4 novembre 1848 laisse le droit de grâce dans le domaine du pouvoir exécutif, à la condition qu'il ne pourra être exercé que sur l'avis du Conseil d'État. Il place le droit d'amnistie dans le domaine législatif.

La Constitution du 14 janvier 1852 semble, dans

ses art. 8 et 9, n'attribuer au Président que le droit de faire grâce, et lui réserver seulement l'initiative de l'amnistie comme l'initiative des autres lois.

Mais le sénatus-consulte des 25-30 décembre 1852, interprétatif et modificatif de cette Constitution, investit, dans son article premier, l'Empereur du droit de faire grâce et du droit d'accorder des amnisties. « L'art. 1er, a dit M. Troplong dans l'exposé « des motifs, résout une difficulté de droit public « plus doctrinale que pratique. Tous les gouverne- « ments monarchiques qui se sont succédé en France « ont considéré comme un attribut de la puissance « souveraine le droit d'accorder des amnisties. Tous « ont usé de cette faculté ; elle ne saurait, sans de gra- « ves inconvénients politiques, être contestée ou déniée « au Chef de l'État. »

L'art. 1er tranche-t-il, comme le pense M. Troplong, la question de savoir si c'est au pouvoir exécutif ou au pouvoir législatif seulement qu'appartient en principe le droit d'accorder des amnisties? J'hésite beaucoup à le croire : l'art. 1er ne renferme-t-il pas seulement une délégation à l'Empereur du droit de faire seul une loi *sui generis*, qui, à raison de ses caractères spéciaux, des questions d'opportunité et d'à-propos qu'elle soulève, ne comporte guère les lenteurs et la publicité d'une discussion, les tiraillements d'une appréciation collective ?

Si l'amnistie est une loi, elle a, quoique décrétée sans le concours du pouvoir législatif, tous les effets d'une loi. Si elle n'est qu'une mesure d'exécution, il y a des résultats qu'elle sera toujours impuissante à produire, quels que puissent être les termes employés. La question doctrinale serait donc, non plus une question de compétence, mais une question d'étendue et de portée des dispositions mêmes de l'amnistie.

Je ne discute pas encore cette question ainsi envisagée ; je la pose seulement ; vous apprécierez mieux les raisons de décider, lorsque vous connaîtrez les effets divers de la grâce et de l'amnistie.

Sur la grâce et l'amnistie je veux examiner deux points :

1° Qu'est-ce que la grâce, et qu'est-ce que l'amnistie ?

2° Quelles sont les différences entre les effets de la grâce et ceux de l'amnistie ?

La grâce, c'est la remise totale ou partielle d'une peine prononcée ; c'est une définition généralement acceptée.

Qu'est-ce que l'amnistie ? Les définitions offrent plus de variété.

« L'amnistie, dit M. Le Graverend (1), est un acte « du souverain, qui couvre du voile de l'oubli certains « crimes, certains délits, certains attentats spécialement désignés, et qui ne permet plus aux tribunaux d'exercer aucunes poursuites contre ceux qui « s'en sont rendus coupables. »

Cette définition encourt, à mon sens, deux reproches :

(1) Tome II, p. 762.

1° Elle suppose que l'amnistie n'intervient qu'avant la condamnation, qu'avant même la poursuite. Il est certain que l'amnistie peut paralyser la poursuite commencée et même anéantir la condamnation. M. Le Graverend le reconnaît bien, puisqu'il dit plus loin : « Quelquefois l'amnistie abolit les jugements « rendus. »

2° La définition de M. Le Graverend suppose que l'amnistie s'adresse à des *coupables*, tandis que l'amnistie interdit ou tient pour non avenue la vérification non-seulement de l'existence du lien qui unit l'agent à l'infraction, mais de l'existence de l'infraction elle-même.

M. Mangin (1), qui reproduit textuellement la définition de la nouvelle collection de Denisart, dit que l'amnistie est « l'acte par lequel le *Prince* (le *Souverain*, « si l'amnistie est une loi), défend de faire ou de con- « tinuer aucunes poursuites, ou bien d'exécuter des « condamnations contre plusieurs personnes *coupa-* « *bles*, désignées seulement par le genre de délit « qu'elles ont commis. »

Cette définition offre l'un des vices reprochés à la définition de M. Le Graverend. Elle suppose la culpabilité bénéficiant d'un brevet d'impunité. La loi d'amnistie ne se borne pas à paralyser l'exécution de la condamnation : elle anéantit la condamnation, et répute que cette condamnation n'a pas eu de cause.

M. Dupin a donné une définition beaucoup plus

(1) *De l'Action publique*, tome Ier, p. 456, no 442.

exacte : l'amnistie est *un acte de souveraineté, dont l'effet est d'effacer et de faire oublier certaines infractions.*

Toutefois, cette définition a encore le tort de supposer l'existence des infractions et de la responsabilité pénale, puisqu'elle décharge de cette responsabilité en effaçant la faute.

Pour notre compte, voici comment nous définissons l'amnistie : — « Un acte de souveraineté, qui empêche « d'entamer ou de continuer des poursuites pour vé« rifier l'existence de ces infractions, ou qui présume « que la vérification déjà faite offre une incertitude telle « que la société ne saurait s'y arrêter et avoir foi dans « son résultat. »

En quoi la grâce diffère-t-elle de l'amnistie ?

« La grâce s'accorde, a dit M. de Peyronnet, à celui « qui a été certainement coupable ; l'amnistie, à ceux « qui ont pu l'être. » La grâce suppose la culpabilité, même la condamnation, une condamnation définitive, insusceptible de recours. Elle doit rester étrangère aux condamnations par contumace, qui tombent par l'arrestation volontaire ou la représentation du condamné, puisqu'elle suppose une preuve de culpabilité, et qu'ici la preuve n'a rien de stable et n'est en quelque sorte que provisoire.

L'amnistie suppose, non l'impossibilité de la culpabilité, mais l'impossibilité de sa constatation ; elle s'accorde avant ou après condamnation.

La grâce est personnelle, qu'elle s'adresse à un agent ou à plusieurs agents : elle peut donc s'appliquer aux auteurs principaux d'une infraction sans s'étendre aux complices, et *vice versâ ;* elle n'est pas toujours individuelle ; elle peut être collective et comprendre tous les condamnés pour une classe ou plusieurs classes d'infractions.

L'amnistie ne peut être que collective ; elle est *réelle,* c'est-à-dire qu'elle s'adresse aux actes et ne couvre les agents que par voie de conséquence. Mais elle protège tous ceux qui ont encouru une responsabilité pénale, à raison d'un fait, auteurs et complices, puisqu'elle exclut la preuve légale de la violation du commandement.

La grâce opère seulement *ut ex nunc ;* elle n'efface pas le passé, elle n'agit que sur l'avenir.

Montesquieu, après avoir établi que le Prince ne doit pas juger les crimes, notamment parce qu'il perdrait le plus bel attribut de sa souveraineté, le droit de faire grâce, ajoute : « *Il serait insensé qu'il fît et défît les jugements, il ne voudrait pas être en contradiction avec lui-même* (1). » Ces dernières idées sont inexactes ; la grâce ne défait ni ne contredit le jugement.

L'amnistie rétroagit ; elle remonte jusqu'à la condamnation pour la détruire, en démentant la présomption de vérité, *juris et de jure*, qui s'y attachait.

(1) *Esprit des Lois*, liv. VI, chap. v. — M. de Saint-Vincent, dans les observations recueillies par M. Duvergier (*Collection des lois*, 1837, p. 118), a emprunté à Montesquieu, qu'il ne cite pas, les idées et les expressions dont nous contestons l'exactitude : « La grâce *défait* ce qui a été *fait,* elle *révoque* un jugement *irrévocable ;* elle lui donne une sorte *de démenti.* »

La grâce, en remettant les peines principales, laisse subsister les incapacités accessoires, résultat de l'irrévocabilité de la condamnation, la dégradation civique et le renvoi sous la surveillance de la haute police ; elle laissait subsister la mort civile, résultat de l'exécution de certaines peines perpétuelles, si elle ne prévenait cette exécution ; elle laissait subsister la mort civile, non-seulement pour le passé, mais pour l'avenir (1); elle est, au moins dans le silence de ses dispositions, sans puissance même contre la dégradation civique et la surveillance de la haute police, envisagées comme peines principales, parce que la dégradation civique et la surveillance constituent plutôt des incapacités que des pénalités véritables (art. 620, C. inst. crim., § 2).

L'amnistie ne laisse subsister aucunes traces de la condamnation qu'elle dépouille de toute autorité et brise dans son principe ; elle efface, quand elle est pleine et entière, les incapacités accessoires, la dégradation civique, le renvoi sous la surveillance de la haute

(1) La grâce, dans la législation anglaise, d'après Bexon, détruit pour l'avenir la corruption du sang.

« Si un criminel reçoit le pardon du roi, et qu'ensuite il ait un enfant, cet enfant peut hériter de lui, parce que le père, étant devenu un homme nouveau, peut transmettre un sang purifié ; mais si l'enfant était né avant le pardon accordé au père, il ne pourrait hériter en aucune façon. Etranges idées, dispositions bizarres, que l'on s'étonne de rencontrer dans une législation tant vantée et si longtemps méditée ; tandis que la nôtre, dans le premier pas de sa simplicité, offre déjà bien plus de sagesse et de justice. » (Scipion Bexon, *Parallèle du Code pénal d'Angleterre, avec les lois pénales françaises*, chap. VII, p. 33.)

police, la mort civile; elle efface même les incapacités qui sont écrites dans la condamnation et qui ont été prononcées d'une manière principale.

Le condamné gracié est récidiviste, s'il commet une autre infraction depuis l'irrévocabilité de la première condamnation, bien que cette condamnation n'ait pas reçu son exécution, et que, par suite, l'inefficacité de la sanction pénale ne soit pas bien constatée.

La condamnation effacée par l'amnistie ne peut être prise en considération, en cas d'infraction nouvelle, pour constituer la récidive (1).

(1) *Sic*, Cassation, 19 juillet 1839, Dev. et Car. 39-1-984; Cass. 7 mars 1844.—Dalloz, Répert., v° *Amnistie*, note du n° 119.—Merlin, *Questions*, v° *Amnistie*, § 5.—Dupin, n°s 22-24.—Mangin, n° 448.—Chauveau-Hélie, t. Ier, p. 299.—Dubourgneuf, *Pratique du Code pénal*, p. 79-80.—Rauter, n° 868.—Le Sellyer, n° 2157.—Voir aussi notre *Cours de Code pénal*, p. 449.

DEUXIÈME LEÇON.

Sommaire. — *Grâce et Amnistie* (Suite). — Influence du sénatus-consulte des 15-30 décembre 1852 sur l'amnistie. — Influence de la loi du 2 mai 1854, abolitive de la mort civile, sur la grâce. — En principe, la grâce ne saurait entamer les droits acquis des tiers. — L'amnistie peut-elle les entamer ? — Éteint-elle notamment l'action civile ? — L'amnistie décrétée par l'Empereur peut-elle rétroagir ? — Caractère de la prérogative de l'Empereur, quant à l'amnistie. — Opinion de M. Faustin-Hélie, devenue loi. — La grâce peut-elle, par une disposition expresse, faire remise de la mort civile, de la dégradation civique, de la surveillance de la haute police ? — Opinion de M. Demante. — Réfutation. — Avis du Conseil d'État du 8 janvier 1823. — Opinion de M. Rauter. — La loi du 2 mai 1854 n'a-t-elle pas investi le pouvoir exécutif de la faculté de faire remise de peines accessoires ? — Quel est le caractère de cette remise ? — Le pouvoir exécutif peut-il la révoquer ? — Y a-t-il à distinguer entre la décharge de l'incapacité de transmettre ou de recevoir à titre gratuit, et la limitation des effets de l'interdiction légale ? — La grâce et l'amnistie peuvent-elles être refusées ? — Distinctions de M. de Peyronnet. — Critique. — Arrêts contradictoires de la Cour de cassation. — La grâce et l'amnistie peuvent-elles être grevées de conditions ? — Distinctions. — Effets de la grâce et de l'amnistie combinés avec le principe du non-cumul des peines. — Espèces diverses. — Observations sur une opinion de M. Le Graverend. — A qui appartiennent l'application et l'interprétation des lettres de grâce et des décrets d'amnistie ? — De l'enregistrement des lettres de grâce.

Messieurs,

Vous connaissez les caractères distinctifs de la grâce et de l'amnistie. Les différences qui séparent les deux mesures tendent-elles à s'effacer sous l'influence de la Constitution qui nous régit ? L'amnistie, parce qu'elle ne suppose plus le concours du pouvoir législatif, s'amoindrit-elle, et n'a-t-elle plus, sous quelques rapports au moins, que les effets de la grâce? En revanche, la grâce, sous l'empire de la loi du 2 mai 1854, qui abolit la mort civile, acquiert-elle quelques-uns des effets de l'amnistie? La grâce et l'amnistie peuvent-elles être refusées? peuvent-elles être grevées de conditions? Comment se combinent les effets de l'amnistie et de la grâce avec le principe du non-cumul des peines? A qui appartiennent l'application et l'interprétation de l'amnistie et de la grâce ?

Voilà les principales questions qui nous restent à examiner.

Je dois les discuter, et parce qu'elles sont graves, et parce qu'elles me fourniront l'occasion de confirmer et de développer les principes que je vous ai déjà exposés.

La grâce ne rétroagissant pas, il est d'évidence qu'elle ne peut léser les droits acquis des tiers.

L'amnistie qui, elle, rétroagit, ne rétroagit-elle que dans les rapports de l'amnistié avec le pouvoir, ou sa rétroactivité s'étend-elle aux tiers en faveur desquels l'exécution de la condamnation a créé des droits, par exemple, au préjudice des tiers que la mort civile de leur parent a faits héritiers? Si l'amnistie a le caractère d'une loi, elle peut, par une déclaration expresse, atteindre les droits acquis; le principe de la non-rétroactivité est, en effet, un principe présumé écrit dans la loi. Mais il comporte des dérogations; ce n'est pas un principe constitutionnel, un principe supérieur au pouvoir législatif. Si l'amnistie n'est qu'une mesure du pouvoir exécutif, elle ne saurait léser les droits des tiers (1).

Conséquence : si l'amnistie est une loi, elle peut, par une déclaration expresse, ne pas tenir compte de la dissolution du mariage et de la dissolution de la communauté par suite de la mort civile. Elle peut déclarer que les héritiers, saisis d'une succession à défaut du condamné, n'ont été que des héritiers apparents ; elle peut faire tout cela ; mais elle n'est pas réputée le faire, si elle ne le dit (2).

Sans doute, la Cour de cassation a rejeté un pourvoi contre un arrêt qui jugeait qu'une amnistie avait de plein droit revalidé un mariage ; mais la Cour a constaté, en fait, qu'aucun des deux époux n'avait considéré comme *une libération* la rupture du lien matrimonial ; qu'ils avaient, au contraire, continué leur vie conjugale, sans attendre même l'amnistie, qu'aucun droit de nature à faire obstacle à la continuité de l'union n'avait été acquis à des tiers ; elle n'a vu, dans la décision attaquée, qu'une dispense d'une seconde célébration de mariage (3).

La Cour de cassation a, depuis, rendu un autre arrêt dans le même sens (4) ; mais si l'époux de l'agent

(1) *Cours de Code pénal*, 8e leçon, p. 173-174.

(2) Cass., 1er février 1842.—Devill. et Car., 42-1-97.

(3) Angers, 21 août 1840. — Devill. et Car., 40-1-372. — Cassat., 2 avril 1840. — Devill. et Car., 50-1-672.

(4) Cassation, 8 décembre 1851.—Devill. et Car., 52-1-215.

condamné à une peine, dont l'exécution a entraîné la mort civile, avait profité du veuvage que lui faisait la loi pour contracter une seconde union, la Cour de cassation n'aurait incontestablement pas décidé que l'amnistie brisait le nouveau mariage et rétablissait l'ancien.

L'amnistie, en éteignant l'action publique, éteint-elle l'action civile des tiers? C'est toujours la même question. Dans le silence de ses dispositions, qu'elle soit une loi ou un acte rentrant dans la pure sphère du pouvoir exécutif, l'action privée survit à l'action publique, et, si elle a été déférée à la juridiction répressive, l'extinction de l'action principale ne rendra pas cette juridiction incompétente pour statuer sur l'action dont elle n'avait cependant pu être saisie qu'à titre d'action accessoire (1). Mais, si l'amnistie est une loi, elle peut, par une déclaration expresse, anéantir l'action privée en même temps que l'action publique.

Pour nous, l'amnistie est une loi; il faut un acte de souveraineté pour suspendre la loi, et le pouvoir exécutif ne personnifie pas à lui seul la souveraineté. Si l'Empereur, aujourd'hui, a le droit d'accorder des amnisties sans le concours du Corps législatif, c'est que, pour ce droit spécial, à raison même de sa spécialité,

(1) Cassat., 9 février 1849, Dev. et Car., 49-1-240.—Mangin, nº 446.—Rauter, nº 868.—Le Sellyer, nº 2162.—Faustin-Hélie, t. 3, p. 772.—Dalloz, *Répertoire*, vº *Amnistie*, nº 139. Sourdat, *De la Responsabilité*, nº 20.—*Secus*, Le Graverend, t. II, p. 705.

il a été constitué, en vertu d'une délégation expresse, législateur et souverain. L'Empereur a donc, d'après nous, le droit de décréter des amnisties réagissant sur les droits des tiers. Il est seul juge, sous ce rapport, des exigences de l'intérêt social : *si veut l'Empereur amnistiant, si veut la loi.*

Dans les controverses que cette question a soulevées sous la Restauration et sous la Monarchie de 1830, on s'est peut-être trop préoccupé du point de savoir quel était le pouvoir le mieux placé pour user, au profit de la société, du puissant moyen de pacification et de concorde qu'offre l'amnistie. Mais ce point, résolu au profit de la royauté, n'impliquait pas que l'amnistie n'avait point le caractère et ne pourrait pas avoir les effets d'une loi. Le droit de décréter la loi politique de réconciliation peut être délégué au pouvoir exécutif, sans que ce droit soit mutilé et restreint dans les limites d'une mesure d'exécution. *Il est évident*, a dit un savant criminaliste, M. Faustin Hélie, *que le droit d'amnistie, dérivant de la même source que la loi, ne peut être régulièrement exercé par le pouvoir exécutif que par une délégation légale.*

La grâce n'intervenant qu'après la condamnation, c'est-à-dire après que la justice a fait son œuvre, n'est, qu'elle soit individuelle ou collective, qu'une mesure rentrant dans les attributions normales du pouvoir exécutif. N'est-ce pas, en effet, au pouvoir exécutif qu'incombe le soin d'assurer l'exécution des jugements (178 et 376, C. inst. crim.)? Est-ce que le ministère public n'est pas, dans l'organisation judiciaire, le représentant du pouvoir exécutif (1)? Mais l'anéantissement d'une condamnation et de toutes ses conséquences excède certainement les limites du pouvoir d'exécution réduit à lui-même? Le droit d'interdire des poursuites et surtout la continuation de poursuites commencées n'excède-t-il pas, quoique dans une moindre mesure, le pouvoir d'exécution? Sans doute, c'est au ministère public, représentant, dans l'ordre judiciaire, du pouvoir exécutif, qu'appartient en général le droit de mettre en mouvement l'action publique; mais cette action une fois déférée aux juridictions pénales, soit de jugement, soit même d'instruction, le ministère public n'en est plus le maître; il ne dépend pas de lui d'arrêter le cours de la justice, et d'empêcher l'accomplissement du devoir auquel il fait appel. Enfin, dans certains cas, les Cours impériales tiennent de la loi, de l'article 235 du C. d'inst. crim. et de l'art. 11 de la loi du 20 avril 1810, le droit d'ordonner des poursuites criminelles. Ce droit, dérivant de la loi, peut-il être paralysé autrement que par une loi?

J'ai dit que la grâce, justement parce qu'elle n'était qu'une mesure d'exécution, à la différence de l'amnistie, qui est une loi, ne pouvait pas rétroagir au préjudice des tiers ; qu'elle n'avait pas même, au moins

(1) M. Guizot a très bien dit, en parlant de la grâce : « En « fait, c'est un débris du droit de justice, un reste des temps où « les princes, jugeant eux-mêmes, pouvaient, selon l'occasion, « condamner ou absoudre. Par les progrès de l'ordre social, « le droit de juger est sorti des mains du Prince ; il a retenu « celui de pardonner. » (*De la Peine de mort*, p. 166 et 167).

dans le silence de ses dispositions, d'effet rétroactif dans les rapports du condamné avec le pouvoir, qu'ainsi elle respectait les incapacités attachées à l'irrévocabilité ou à l'exécution de la condamnation. Mais la grâce pourrait-elle, par une disposition expresse, faire remise de la mort civile, de la dégradation civique et du renvoi sous la surveillance de la haute police, en tant, au moins, que ces *deux* peines ne sont que des peines accessoires, de résultance, qui n'ont pas été écrites dans le jugement? Un savant jurisconsulte, M. Demante (1), le soutient. Il reconnaît, toutefois, qu'un avis du Conseil d'Etat, du 8 janvier 1823, à résolu la question contrairement à cette théorie, en déclarant : « Que l'effet de la grâce n'est « pas d'abolir le jugement, mais de faire cesser la « peine ; — qu'aux termes du Code d'inst. crim. le « droit de *réhabilitation* ne commence qu'après que « le condamné a subi sa peine ; — que l'effet de la « *réhabilitation* est de relever le condamné de toutes « les incapacités, soit politiques, soit civiles, qu'il a « encourues ; — que ces incapacités sont des garan- « ties données par la loi, soit à la société, soit aux « tiers, et que la grâce accordée au condamné ne peut « pas plus le relever de ces incapacités que de toutes « les autres dispositions du jugement qui auraient été « rendues en faveur des tiers ; — . . . . « que la prérogative royale ne s'étend pas jusqu'à « dispenser les citoyens des obligations qui leur sont

(1) T. Ier, n° 47 bis et n° 71 bis.

« imposées en vertu des lois maintenues par la Charte,
« et dont ils ne pourraient être relevés que par la puis-
« sance législative.

. . . .

. . . .

« Que les lettres de grâce, accordées après l'exé-
« cution du jugement, ne peuvent contenir aucune
« clause qui dispense des formalités prescrites par le
« Code d'inst. crim. pour la *réhabilitation.* »

L'avis du Conseil d'Etat est l'expression des véritables principes. Comment une condamnation, œuvre d'un des pouvoirs sociaux, pourrait-elle tomber devant un acte qui ne serait pas réputé émaner du représentant de la souveraineté sociale ? Comment ce droit, acquis à la société par suite de l'exercice régulier des attributions d'un pouvoir, serait-il à la merci d'un autre pouvoir dont le pouvoir judiciaire est indépendant ?

La grâce qui effacerait la condamnation ne serait pas une grâce, mais une amnistie. Aujourd'hui la question semble sans importance, puisque l'Empereur a le pouvoir, non-seulement de gracier, mais d'amnistier ; qu'il est, quant à l'amnistie, revêtu d'un véritable mandat législatif. J'insiste cependant sur ces développements pour bien établir que l'amnistie n'est pas, comme on l'a dit, comprise dans la grâce, à titre d'espèce dans le genre, que l'amnistie a plus de largeur, de portée, de puissance que la grâce, et que le plus n'est pas contenu dans le moins.

Je crois même avec un jurisconsulte éminent,

M. Rauter, que des lettres de grâce ne pourraient, par une déclaration expresse, faire remise de la dégradation civique et du renvoi sous la surveillance de la haute police, dans le cas où la dégradation et la surveillance ne sont pas seulement une conséquence de l'irrévocabilité d'autres peines, mais sont directement et principalement prononcées, parce que, dans ce cas, ce qui prédomine en elles c'est le caractère d'incapacité, et que toute incapacité intéresse les tiers. Si la dégradation civique et la surveillance, écrites dans la condamnation, avaient pu être remises par la grâce, elles fussent restées, sous le rapport de la réhabilitation, sous l'empire de la règle générale de l'art. 620 pour les peines perpétuelles ; elles n'eussent pas nécessité une exception.

La loi du 2 mai 1854, qui abolit la mort civile, n'est-elle pas venue rompre avec ces principes ?

« Les condamnations à des peines afflictives perpé-
« tuelles emportent la dégradation civique et l'inter-
« diction légale, établies par les art. 28, 29 et 31 du
« Code pénal. » (Art. 2.)

« Le condamné à une peine afflictive perpétuelle ne
« peut disposer de ses biens, en tout ou en partie,
« soit par donation entre-vifs, soit par testament,
« ni recevoir à ce titre, si ce n'est pour cause d'ali-
« ments.

« Tout testament par lui fait antérieurement à sa
« condamnation contradictoire, devenue définitive, est
« nul.

« Le présent article n'est applicable au condamné

« par contumace, que cinq ans après l'exécution par « effigie. » (Art. 3.)

« Le gouvernement peut relever le condamné à une « peine afflictive perpétuelle de tout ou partie des in- « capacités prononcées par l'*article précédent*.

« Il peut lui accorder l'exercice, dans le lieu d'exé- « cution de la peine, des droits civils, ou de quelques- « uns de ces droits dont il a été privé par son état « d'interdiction légale.

« Les actes faits par le condamné dans le lieu « d'exécution de la peine, ne peuvent engager les biens « qu'il possédait au jour de sa condamnation, ou qui « lui sont échus à titre gratuit depuis cette époque. » (Art. 4.)

La loi n'accorde pas au Gouvernement le droit de relever de la dégradation civique, et, sous ce rapport, elle confirme notre théorie. Elle semble même, à première vue, refuser au pouvoir exécutif le droit de porter atteinte à l'interdiction légale, puisque l'art 4, qui autorise le Gouvernement à relever le condamné de certaines incapacités, ne se réfère qu'aux incapacités dont il est parlé dans l'art. 3, c'est-à-dire à l'incapacité de transmettre ou de recevoir par donation entre vifs ou testament, sinon pour cause d'aliments.

Mais l'art. 4, s'il refuse au Gouvernement le droit de relever le condamné de l'interdiction légale, l'autorise au moins à limiter les effets de cette interdiction, en la paralysant dans le lieu d'exécution de la peine.

Quel est le véritable caractère du droit accordé au

Gouvernement de modifier ainsi l'état pénal du condamné ? Est-ce un simple rappel du droit de grâce ?

C'est plus qu'un rappel du droit de grâce, c'est son extension exceptionnelle à une situation pour laquelle la réhabilitation était impuissante, puisqu'elle ne peut intervenir qu'après la libération de la peine principale.

Cette faculté accordée au pouvoir exécutif d'atténuer les conséquences de la peine principale dont le condamné n'est pas affranchi, ne rétroagit pas. Elle respecte les droits acquis ; elle ne restitue à l'agent la capacité dont il avait été privé, que pour l'avenir. (1)

Mais cette capacité n'est pas rendue au condamné à titre d'épreuve ; elle redevient pour lui un droit dont il ne pourrait être privé qu'en vertu d'une condamnation. Le pouvoir exécutif a le droit de relever de la déchéance ; il n'a pas le droit de la faire revivre.

Quant à la concession de l'exercice de certains droits civils dans le lieu de l'exécution de la peine, la loi ne dit pas que cette concession ne puisse être faite à temps, et qu'elle ne soit pas révocable au gré et suivant l'appréciation du pouvoir qui l'autorise, sauf, bien entendu, l'inviolabilité de l'acte accompli et des titres

(1) Voir, toutefois, discours de M. Legrand, au Corps législatif, séance du 2 mai 1854, *Moniteur* du 4 : « *Ce qui est dans l'art. 4, ce n'est pas l'exercice du droit de grâce de la part du souverain, ce sont des dispositions purement administratives.* Voir aussi d'excellentes observations de M. Cuzon, dans le journal *Le Siècle*, du 1er mai.—M. Cuzon croit à tort, selon nous, que l'intervention administrative pourrait avoir des effets rétroactifs. La vérité n'est-elle pas entre ces deux théories ?

créés avant la révocation. Il semble qu'il ne s'agit plus là que d'une concession précaire, subordonnée à la conduite du condamné.

Toutefois, cette première vue est-elle bien exacte ? L'affranchissement total ou partiel du régime tutélaire, dans le lieu où la peine s'exécute, sous la condition que les obligations, résultat de l'indépendance recouvrée, ne s'exécuteront que sur les biens acquis à titre onéreux, depuis la condamnation, n'est-ce pas la restitution d'une aptitude que le pouvoir exécutif peut rétablir à titre gracieux, mais qu'il ne peut enlever, parce que son enlèvement constitue une pénalité ?

D'ailleurs, dans la théorie qui professe (et c'est celle que je vous ai exposée), que le condamné, dans les liens de l'interdiction légale, ne peut ni tester, ni donner entre-vifs, à quoi servirait l'irrévocabilité de la remise de l'incapacité de transmettre à titre gratuit, si l'exercice des droits restitués restait à la discrétion du pouvoir exécutif ?

Pourquoi refuser au pouvoir exécutif la faculté de reprendre le droit lui-même, si on lui reconnaît la faculté d'en paralyser l'exercice, lorsqu'il l'aura rendu ?

L'art. 18 du Code pénal de l'Empire conférait au Gouvernement la faculté de recréer aux déportés une vie civile locale. — La loi du 28 avril 1832 maintint cette faculté en l'élargissant ; l'exercice des droits restitués au condamné n'était pas nécessairement localisé.

La concession des droits civils aux déportés était-elle révocable ? La loi du 8 juin 1850, d'après laquelle la déportation n'entraînait plus la mort civile, déclarait que les condamnés à la déportation simple auraient l'exercice des droits civils dans le lieu de la déportation. — La loi du 2 mai 1854 n'a-t-elle pas voulu donner au Gouvernement la faculté de faire pour les condamnés à des peines perpétuelles ce que la loi du 8 juin 1850 faisait d'une manière absolue pour une classe de déportés (1) ?

La grâce et l'amnistie peuvent-elles être refusées ? M. de Peyronnet dit oui pour la grâce et non pour l'amnistie : « L'amnistie ne fait rien perdre à l'homme « innocent. La grâce lui fait tout perdre, jusqu'au « droit de se dire tel.— Quiconque a failli doit s'hu- « milier : il peut demander grâce et la recevoir. — « Qui n'a point failli faillirait en s'humiliant. Il ne « peut ni recevoir, ni demander grâce. On consent à « la sentence en consentant à la grâce ; on se recon- « naît bien accusé et à bon droit condamné. Souf- « frez la sentence : vous ne lui avez rien accordé, « puisque vous y êtes contraint. Acceptez la grâce « qui maintient au moins le passé, vous donnez, sans « y être contraint, votre assentiment à tout ce qu'elle « maintient.—Sans y être contraint, car il n'est au « pouvoir de personne de vous obliger à accepter ou « à subir autre chose que votre sentence.—Louis XIV « l'entreprit contre Fouquet ; mais l'histoire l'en a « sévèrement puni, et avec raison ; ce fut un grand « abus de puissance. Il est peut-être encore des Etats

(1) Voir art. 9 du décret des 27 mars-16 avril 1852.

« où cet abus pourrait se renouveler. Je le tiens pour « impossible dans les Etats libres. »

Il est impossible d'admettre cette distinction : l'acceptation de la grâce, dit-on, est l'acquiescement à la condamnation. — Non, d'abord, si la grâce s'impose et ne s'offre pas, or c'est là justement l'objet de la question. M. de Peyronnet suppose résolu le point même qu'il s'agit d'éclaircir, à savoir si le condamné n'est pas astreint à souffrir la grâce comme la sentence. Or, pourquoi le condamné aurait-il une immunité contre la grâce, s'il n'a pas de droit acquis à la peine, si la peine est prononcée contre lui et non à son profit ; si, en un mot, elle est, non un moyen d'expiation *établi en faveur du coupable pour le réconcilier avec l'ordre*, mais une sanction sociale commandée par l'intérêt public qui seul la légitime. La peine doit cesser ou s'adoucir suivant les exigences de l'intérêt qui la fait appliquer. Eh bien! l'exécution des peines n'est pas l'acquit d'une dette du pouvoir social soit envers le condamné, soit envers la justice absolue qu'il n'a pas qualité pour représenter.

L'amnistie s'impose-t-elle?

Si l'hésitation était possible, je la comprendrais plutôt pour l'amnistie que pour la grâce. L'amnistie suppose, en effet, la possibilité de la culpabilité. Or, ne semble-t-il pas que l'agent, en tant qu'il n'a pas été irrévocablement condamné, mais qu'il a été poursuivi, puisse dire : « Je demande une vérification ; je « veux que la vérité se fasse jour ; mon honneur ne

« sera intact qu'à la condition qu'on ne me déniera « pas le droit de démontrer mon innocence; ne m'en- « levez pas à mes juges ; laissez-moi la garantie et la « protection d'un jugement. »

Ces objections ne sauraient se placer dans la bouche d'un agent non poursuivi, puisque l'agent ne peut aller au-devant de l'action publique, ni d'un agent condamné, puisque le doute sur sa culpabilité vaudra toujours mieux que la certitude légale de cette culpabilité.

Mais que répondre à l'agent sous le coup d'une poursuite au moment de l'amnistie ?

Un arrêt de la Cour de cassation, du 25 novembre 1826 (1), a décidé que l'amnistie est une faveur que des prévenus, qui soutiennent n'avoir commis aucun délit, sont libres de ne pas invoquer. Mais cette Cour s'est prononcée en sens contraire, le 10 juin 1831 (2). C'est cette dernière solution que nous adoptons : L'amnistie est une loi, et une loi s'impose ; elle commande et ne prie pas ; elle commande, et elle commande, au nom d'un intérêt général qui réclame l'oubli, et proscrit la continuation de débats propres à compromettre la sécurité publique. Les intérêts individuels sont condamnés à se taire en face de l'intérêt collectif. L'amnistie dérobe l'agent au jugement, au même titre que la prescription de la poursuite. Pourquoi, aux termes de l'art. 641, C. inst. crim., l'agent ne peut-il répudier la protection de la prescription ? Parce que la loi

(1) Sirey, 28-1-69.
(2) Sirey, 31-1-412.

répute, qu'après un certain temps, la vérification de la culpabilité n'offrirait pas assez de garanties. Condamné, la société n'aurait pas assez de confiance dans la condamnation pour la faire exécuter. Acquitté, comment la vérification offrirait-elle assez de certitude pour que l'innocence fût proclamée et devint un article de foi sociale? Est-ce que les raisons de décider pour l'amnistie ne sont pas les mêmes? Pourquoi la société n'aurait-elle pas le droit de déclarer à l'avance une vérification dangereuse, et, dans tous les cas, suspecte (1)?

La grâce et l'amnistie peuvent-elles être grevées de charges, de conditions?

La grâce, quoiqu'elle s'impose, est présumée un bienfait, puisqu'elle n'intervient qu'au profit d'un agent frappé d'une condamnation insusceptible de recours. Le condamné n'a pas même l'option entre la position que lui fait le jugement et la position que lui assure la grâce ; seulement, s'il soutient que la commutation, bien loin d'être une grâce véritable, constitue une aggravation, l'autorité judiciaire sera compétente pour apprécier la question (2).

(1) *Sic*, Rauter, n° 868. — Mangin, *note*, n° 448. — Le Sellyer, n° 2170.

(2) « M. Le Graverend, dit son savant annotateur, M. Duvergier, examine, dans ses notes manuscrites, la question de savoir si le Roi peut commuer la peine capitale en la peine des travaux forcés, avec la flétrissure contre la volonté du condamné, qui préfère la mort à l'infamie. Il paraît pencher pour la négative. Cependant, aux yeux de la loi, la peine capitale étant toujours la plus grave, on ne peut soutenir qu'il n'y a pas commutation.

Quant à l'amnistie, il faut distinguer :

Toute amnistie, celle qui précède comme celle qui suit une condamnation, peut être subordonnée à une condition potestative de la part de ceux auxquels elle s'adresse, en ce sens qu'ils ne pourront réclamer le bénéfice de ses dispositions qu'autant qu'ils feront l'acte qui leur est demandé, par exemple, qu'autant qu'ils rentreront en France, dans un délai déterminé : s'ils ne remplissent pas la condition, ils resteront soumis au droit commun, soit sous le coup d'une poursuite intentée ou à intenter, soit sous le coup d'une condamnation.

L'amnistie après condamnation peut être grevée d'une charge exigible, cette charge pût-elle être considérée comme une peine, pourvu que la peine soit moindre que la peine écrite dans le jugement ou l'arrêt. Vainement objecterait-on que, d'après nous, l'amnistie suppose l'impossibilité légale de vérifier la culpabilité. N'est-ce pas, en effet, refuser de tenir compte de la vérification que de ne pas s'attacher à la constatation de la gravité du fait ? Ne peut-on pas rejeter la mesure de la responsabilité, sans donner pour le tout un démenti à la vérité des causes de la condamnation ?

L'amnistie avant la condamnation ne saurait imposer l'accomplissement d'une condition, parce que cette condition participerait toujours au caractère d'une peine, et que les peines ne peuvent être infligées que

Par conséquent, la volonté du condamné ne peut mettre obstacle à l'exercice de la prérogative royale. »

par le pouvoir judiciaire, avec les garanties qui résultent des formalités de la procédure.

Objecterait-on que l'amnistie est une loi, une loi dont l'essence est de commander ? Mais à qui commanderait-elle ? Il est aussi de l'essence de l'amnistie de ne pas désigner les personnes, sinon pour les exclure du bénéfice de ses dispositions. L'amnistie s'adresse aux auteurs d'une certaine classe d'infractions; est-ce que ces auteurs ne sont pas inconnus tant qu'ils ne sont pas convaincus par une décision irrévocable ?

Les effets de la grâce et de l'amnistie doivent être rapprochés des principes sur le non-cumul des peines ; ce rapprochement soulève des difficultés sérieuses que la doctrine est loin d'avoir encore éclaircies.

L'agent, convaincu de deux crimes emportant des peines d'une nature diverse, doit-il être conditionnellement condamné à raison du crime qui entraîne la peine la moins grave, pour le cas où la grâce l'affranchirait de l'exécution de la peine la plus grave? Non, la peine la plus forte est réputée une expiation sociale suffisante pour les deux crimes ; donc la grâce affranchit les deux crimes du châtiment.

Que décider si le débat n'avait porté que sur l'un des deux crimes et que des lettres de grâce eussent fait remise de la peine? Une poursuite à raison du fait non jugé serait-elle possible ? — Il faut distinguer : les deux crimes, le crime objet du débat et le crime découvert depuis entraînent-ils ou n'entraînent-ils pas des peines d'une nature diverse? Si, oui, il faut sous-distinguer. Le crime, cause de la condamnation, entraînait-il la peine la plus forte? La peine qui devait l'expier devait en même temps expier l'autre crime; il a été fait remise de l'expiation (1).

Si le crime, cause de la condamnation, ne comportait que la peine la moins forte, la répression du crime nouvellement découvert peut être poursuivie.

Que si les deux crimes emportaient des peines de même nature et que l'agent gracié n'eût pas été frappé du maximum de cette peine, la grâce n'exclut pas la possibilité d'une nouvelle poursuite pour l'application de ce qui restait disponible sur la peine.

« Il faudrait, a dit M. Le Graverend, faire juger de « nouveau le condamné qui aurait obtenu grâce, si le « premier crime, ayant donné lieu à une condamnation « capitale, l'autre crime ou l'un des autres crimes pou« vait être puni de la même peine. En effet, on ne « pourrait pas prétendre, en ce cas, que le premier « fait fût le plus grave, puisque l'autre entraînerait « une peine égale; ni que le Roi, en remettant pour ce « seul fait la peine capitale, qui, de sa nature, est plus « grave que toutes les autres, l'eût remise ou eût voulu « la remettre à raison des autres crimes qui en provo« quent également l'application (2). » Non, la peine de mort ne pouvant être exécutée deux fois, cette peine, prononcée à raison d'un des faits, était nécessairement l'expiation de l'autre fait.

(1) *Sic*, Le Graverend, II, p. 757.
(2) II, p. 757 et 758.

Les mêmes solutions sont-elles applicables en cas d'amnistie, après condamnation?

Supposons que, de deux faits compris dans le même débat et n'ayant entraîné aux termes de l'art. 365, C. d'inst. crim. que la même peine, l'un d'eux seul soit amnistié ; que deviendra la condamnation?

Le fait amnistié entraînait-il la peine la plus forte ou la peine la plus faible, ou une peine de même nature que le fait non couvert par l'amnistie?

Dans la première hypothèse, il est bien évident que la peine prononcée ne peut être subie, puisque le fait à punir n'emporte qu'une peine d'un ordre inférieur. Un nouveau débat et un nouveau jugement seront donc nécessaires.

La nécessité d'un nouveau débat et d'un nouveau jugement, quoique moins évidente, n'est pas moins certaine dans les deux autres hypothèses, puisqu'il est impossible de savoir si le juge n'a pas tenu grand compte, dans la mesure de la pénalité, du fait dont la preuve légale, acquise au moment du jugement, s'est depuis évanouie.

Que si le fait amnistié avait seul été compris dans la poursuite et le jugement, il est bien clair que le fait antérieur à la condamnation, s'il n'était pas également amnistié, pourrait et devrait donner lieu à une nouvelle poursuite.

L'autorité judiciaire est compétente pour appliquer, mais non pour interpréter les lettres de grâce. Le pouvoir exécutif est chargé du soin d'assurer à son œuvre le sens et la portée qu'il a voulu y attacher.

L'application et l'interprétation des amnisties, qui ont le caractère de lois, sont confiées à l'autorité judiciaire.

Les lettres de grâce, qui remettent ou commuent des peines applicables en matière criminelle, doivent être enregistrées ou par la Cour impériale du domicile de l'agent au moment de la condamnation, ou par la Cour impériale du nouveau domicile de cet agent, ou par la Cour impériale dans le ressort de laquelle la peine a été prononcée. Cet enregistrement doit se faire en audience solennelle, *toutes Chambres réunies.* Il n'est qu'une simple formalité : la Cour impériale, à laquelle les lettres de grâce sont adressées, ne peut refuser l'enregistrement, ni même le faire précéder d'aucune observation, d'aucune réclamation. Cet enregistrement n'est qu'une publication ; l'effet de la grâce n'en dépend pas.

L'enregistrement n'est pas usité pour la remise ou la commutation des peines correctionnelles.

L'amnistie est soumise aux conditions de promulgation de la loi.

TROISIÈME LEÇON.

SOMMAIRE. — Réhabilitation. — En quoi elle diffère de l'amnistie et de la grâce. — Pourquoi elle n'est pas l'œuvre exclusive de l'autorité judiciaire. — Précédents. — Droit romain. — Ancien droit. — Code du 25 septembre 1791. — Formes théâtrales. — Code d'instruction criminelle. — Interprétation qui prévaut pour les peines remises par la grâce ou pour les peines perpétuelles commuées. — Loi du 28 avril 1832. — La réhabilitation est appliquée à la dégradation civique prononcée comme peine principale. — Pourquoi elle n'était pas appliquée aux condamnés correctionnels. — Nécessité de son application pour certaines incapacités écrites dans des condamnations correctionnelles. — Propositions du Gouvernement, sous la monarchie de juillet. — Décret du 18 avril 1848. — Loi des 3-6 juillet 1852. — Motifs pour lesquels cette loi déclare la réhabilitation applicable en matière correctionnelle. — Elle exclut certains récidivistes du bénéfice de la réhabilitation. — En quoi elle aggrave le Code d'instruction criminelle. — Elle refuse aux condamnés, une première fois réhabilités, l'espérance de la réhabilitation après une seconde condamnation. — Conditions et formes de la réhabilitation. — Concours d'autorités diverses. — Suppression de la nécessité de publier la demande par la voie des journaux. — Effet de la réhabilitation. — Dissidence avec M. Faustin Hélie. — Différence entre les conséquences des deux théories. — La réhabilitation rend-elle l'aptitude à la vie politique comme à la vie civile ? Elle ne relève pas des incapacités encourues en vertu du l'art. 612 du Code de commerce.

MESSIEURS,

Je me suis occupé de la grâce, œuvre de pardon ; de l'amnistie, œuvre de prudence politique et d'intérêt social : je m'occupe aujourd'hui de la réhabilitation qui est, non pas une œuvre de justice, dans le sens strict du mot, puisqu'elle ne constitue jamais un droit exigible pour le condamné, mais une œuvre d'équité, un bienfait conquis par l'expiation.

La grâce fait remise de la peine pour le tout ou pour partie ; l'amnistie refuse ou la vérification des faits punissables, ou la foi aux condamnations. La réhabilitation s'adresse à des condamnés qui ont payé leur dette envers la société, envers le fisc, envers les parties lésées, et qui demandent seulement à être déchargés d'incapacités attachées, soit à l'irrévocabilité, soit à l'exécution de certaines peines, ou d'incapacités prononcées, soit comme peines complémentaires de certaines infractions, soit même à titre de peines principales.

La réhabilitation relève le condamné, qui a subi sa peine, de l'état civil que l'irrévocabilité ou l'exécution de sa condamnation lui a fait ; elle s'attaque à des conséquences de la condamnation contre lesquelles la grâce est impuissante, parce que ces conséquences font partie de l'état du condamné (1). Mais la condamnation, la cause de l'incapacité, la réhabilitation ne l'anéantit pas ; elle ne dit pas à la société, comme l'amnistie, après condamnation : « Le condamné était « peut-être innocent ; il a pu être victime d'une erreur

(1) « Telle est, en réalité, la différence qui existe entre la « grâce et la réhabilitation, dit l'exposé des motifs de la loi du « 3 juillet 1852 : l'une agit sur les *inflictions matérielles* ou sur « la peine ; l'autre sur les *inflictions morales* ou les incapa- « cités. »

« judiciaire. » La réhabilitation, c'est seulement la proclamation officielle que le condamné est apte à reprendre sa place dans la société, qu'il a dépouillé le vieil homme, qu'il est régénéré ; c'est une sorte de baptême civique qui efface les taches et les souillures, ou détruit au moins, s'il est permis de s'exprimer ainsi, toute trace des infirmités juridiques que l'action répressive a produites. Comme on l'a dit, avec un grand bonheur d'expression : « De même qu'une haute prérogative a été créée pour tempérer au besoin, par la « modification ou la suppression de la peine, les inexorables sévérités de la justice, de même du fond de « la loi pénale, une institution a dû s'élever qui eût « pour effet de détruire, en retour du repentir obtenu « et de l'amendement constaté, les derniers vestiges « de la condamnation. (1) »

La réhabilitation est un acte mixte, en partie judiciaire, en partie administratif. Si la réhabilitation pouvait jamais constituer un droit pour le condamné, elle ne devrait émaner que de l'autorité judiciaire : ce serait un jugement.

Cette institution date, à vrai dire, de l'ère révolutionnaire. Sans doute le mot et, si l'on veut, le germe de la réhabilitation existaient dans notre ancien droit, qui s'était lui-même inspiré des titres au Digeste et au Code, *de sententiâ passis et restitutis* (2). Mais dans notre ancienne législation, les lettres de réhabilitation

(1) Exposé de motifs de la loi des 3-6 juillet 1852.

(2) ff l. 48. t. 23. — c. l. 9. t. 51.

avaient le caractère d'une grâce royale, d'une faveur. Acte de générosité et de pardon, elles n'étaient subordonnées à aucune épreuve, à aucune condition ; elles ne garantissaient sous aucun rapport, à la société, que les condamnés pouvaient sans danger reprendre leur rang dans son sein.

« *Lettres de réhabilitation*, dit Muyart de Vau-
« glans (1), ce sont celles qui s'obtiennent par celui
« qui, ayant satisfait aux peines, amendes et condam-
« nations civiles contre lui prononcées, a recours à la
« clémence du Prince pour être réhabilité dans sa
« réputation, afin d'ôter la note d'infamie, ou la mort
« civile qui l'empêche d'agir, et lui ôte les moyens de
« subsister, comme étant fondées sur la seule clé-
« mence du Roi, doivent être scellées du grand sceau
« et ont leur effet aussitôt qu'elles sont accordées, de
« manière que les juges auxquels elles sont adressées
« doivent procéder à leur entérinement, sans exami-
« ner si elles sont conformes aux charges, sauf néan-
« moins aux Cours à faire, à ce sujet, telles représen-
« tations à Sa Majesté qu'elles jugent à propos. »

L'objet des lettres de réhabilitation était donc bien de relever le condamné de la mort civile ou d'autres incapacités, comme de l'incapacité de posséder des charges de justice et de finance, ou seulement de l'infamie imprimée par la condamnation. « Ces *lettres*,
« disait Jousse, doivent être scellées en la grande
« Chancellerie, étant du nombre de celles qu'on appelle

(1) Lois criminelles, p. 600.

« lettres de grâce. » Les lettres de réhabilitation s'accordaient non-seulement au condamné pendant sa vie, après la libération de la peine, mais après sa mort, pour rétablir sa mémoire (1).

L'Assemblée constituante modifia profondément, sinon les conséquences, au moins le caractère de la réhabilitation et elle lui donna pour source, non plus une pensée de générosité, mais une pensée de justice. Le Code pénal du 25 septembre 1791, dans le titre même (Tit. VII, Ire partie), qui abolissait l'usage de toutes *lettres de grâce*, organisait, au profit des condamnés à des peines en matière criminelle, qui les avaient subies (et vous savez qu'il n'admettait pas de peines perpétuelles), des moyens de faire constater leur retour au bien, et leur aptitude à l'exercice de tous les droits et à l'accomplissement de tous les devoirs de la vie sociale.

Les formes étaient rapides et dramatiques : dix ans après l'expiration de la peine, dix ans après le jugement, pour la peine du carcan, appelée aussi *dégradation civique*, le condamné pouvait demander sa réhabilitation ; le conseil de la commune, dans laquelle le condamné devait avoir son domicile, au moins depuis deux ans, attestait sa bonne conduite ; deux officiers municipaux le présentaient au tribunal communal, donnaient publiquement lecture de la condamnation et disaient à haute voix : « Un tel a expié son crime, « *en faisant* sa peine ; maintenant sa conduite est

(1) Voir l'ordonnance de 1670, tit. 16, art. 5, 6 et 7.

« irréprochable : nous demandons, au nom de son « pays, que sa tache soit effacée. »

Le président du tribunal, *sans délibération*, prononçait ces mots : « *Sur l'attestation et la demande « de votre pays, la loi et le tribunal effacent la tache « de votre crime.* »

La réhabilitation n'était pas l'œuvre du pouvoir judiciaire ; il l'homologuait, la solennisait ; mais il ne l'octroyait pas ; non-seulement il ne rendait pas de jugement, mais il ne donnait pas même un avis ; il avait la main forcée, et n'avait qu'à s'incliner devant l'appréciation de la municipalité, dont il n'était en quelque sorte que l'organe, puisqu'il était réduit à promulguer un résultat attaché à l'expression de l'opinion par elle émise.

La réhabilitation, disait l'art. 10, tit. VII, Iʳᵉ partie, *fera cesser dans la personne du condamné tous les effets et toutes les incapacités résultant de la condamnation ;* mais elle n'anéantissait pas la condamnation elle-même.

La réhabilitation, dans ce système, était étrangère aux peines correctionnelles ; elle n'était pas accordée après la mort des condamnés, dans l'intérêt de leur mémoire.

Le Code d'instruction criminelle n'a pas revêtu la réhabilitation du caractère d'une grâce ; il ne lui a pas imprimé non plus le caractère d'un acte de justice ; seulement, il a enlevé l'appréciation des garanties de retour au bien, au conseil municipal, pour la confier au pouvoir exécutif, obligé de consulter le pouvoir judiciaire, qui peut, par un avis défavorable, empêcher la réhabilitation, et n'est pas armé du droit de l'imposer par un avis favorable.

La réhabilitation, dans le système du Code d'instruction criminelle, ne devient pas un *jugement ;* c'est, je vous l'ai dit, un acte mixte, en partie judiciaire et en partie administratif ; le pouvoir judiciaire *juge* peut-être, quand il écarte la demande ; mais il lui ouvre l'accès du pouvoir exécutif, quand il l'approuve, la patronne ; en un mot, il ne joue qu'un rôle secondaire, et son avis n'a de force qu'autant que le pouvoir exécutif se l'approprie. La réhabilitation n'est encore applicable qu'en cas de condamnation à des peines afflictives et infamantes ; elle reste étrangère aux peines infamantes seulement.

Elle semble même ne s'appliquer qu'aux condamnations aux peines temporaires. Elle ne peut, aux termes de l'art. 619, être demandée que cinq ans après l'expiration de la peine.

Toutefois, l'art. 619 avait été, avec raison, interprété en ce sens que, lorsque la peine principale avait cessé par l'effet de la grâce, ou que la peine qui avait été substituée à la peine perpétuelle par voie de commutation, était elle-même expirée, le condamné, après une épreuve de cinq ans, pouvait demander la réhabilitation, pour s'affranchir des incapacités.

La réhabilitation n'était pas applicable au renvoi sous la surveillance de la haute-police, prononcé en vertu des art. 100, 108, 138, 144 du Code pénal, à titre de peine principale, parce que, comme incapacité, il résistait à la grâce, et, parce qu'étant perpétuel, il excluait l'application d'un bienfait qui suppose que l'expiation sociale est finie ; la question ne se présentait pas pour la dégradation civique, puisque, d'après le Code pénal de 1810, la dégradation civique n'était qu'une peine accessoire, qu'elle n'est devenue une peine principale que par la loi du 28 avril 1832, qui l'a substituée, à ce titre, à la peine du carcan.

La réforme du 28 avril 1832 n'a rien changé au caractère de la réhabilitation, à ses effets et à ses formes. Elle a seulement confirmé l'interprétation qui, pour les peines perpétuelles, donne à la grâce les effets de l'expiration de la peine temporaire; elle a, en effet, déclaré qu'en cas de commutation, la demande en réhabilitation ne pourrait être formée que cinq ans après l'expiration de la nouvelle peine, et, en cas de grâce, que cinq ans après *l'enregistrement* des lettres de grâce. Elle ne faisait pas de distinction entre la grâce remettant une peine temporaire et la grâce remettant une peine perpétuelle.

La loi du 28 avril 1832 a, de plus, créé la possibilité d'effacer par la réhabilitation l'incapacité résultant de la dégradation civique, prononcée comme peine principale, en faisant courir le délai de cinq ans du jour où la condamnation à cette peine serait devenue irrévocable, ou du jour de l'expiration de l'emprisonnement, si elle avait été accompagnée d'un emprisonnement, conformément à l'art. 35 du Code pénal. La réhabilitation n'était pas encore étendue au renvoi sous la surveillance de la haute-police, prononcé comme peine principale ; cette incapacité conservait un caractère de perpétuité à laquelle la grâce ne pouvait apporter de terme.

La réhabilitation restait inapplicable aux condamnations à des peines correctionnelles ; les condamnations correctionnelles paraissent effectivement, à première vue, ne pas appeler un secours qui suppose qu'il y a une présomption d'indignité subsistant contre le condamné libéré. Or, justement les peines correctionnelles tirent leur nom de la présomption que leur exécution entraînera l'amendement des agents auxquels elles seront appliquées, et fournira une garantie de leur retour au bien. Pourquoi donc réhabiliter des agents dont la société n'a jamais désespéré, qu'elle a, dès le principe, proclamés *corrigibles*? Si ces condamnés *correctionnellement* n'ont jamais cessé d'être regardés comme aptes à la vie sociale, pourquoi proclamer qu'il sont *recouvré* une aptitude qui, pour eux, n'a jamais été perdue?

Ces objections doctrinales étaient sans valeur dans l'état de notre législation, parce que *des incapacités perpétuelles* avaient été attachées par le Code pénal et par un grand nombre de lois spéciales à des condamnations correctionnelles. Ainsi les art. 171 et 175 de ce Code déclarent incapables d'exercer une fonction publique les comptables pour détournements de certaines valeurs, et les fonctionnaires qui ont pris un intérêt dans les entreprises qu'ils administrent ou sont chargés de surveiller.

L'art. 53 de la loi du 28 avril 1816 autorise les

tribunaux à prononcer contre les complices de contrebande l'interdiction de se présenter à la Bourse, d'exercer les fonctions d'agent de change, de courtier, etc.

Depuis 1830 surtout, des lois spéciales, et notamment la loi du 22 mars 1831, art. 13, la loi du 21 mars 1832, art. 2, la loi du 15 mars 1850, article 26, ont attaché diverses incapacités à des condamnations correctionnelles, et la perpétuité d'une incapacité, quelle que soit sa cause, n'appelle-t-elle pas le remède de la réhabilitation ? Elle ne peut s'expliquer que par une présomption d'indignité ; pourquoi cette présomption, en matière correctionnelle, serait-elle invincible, lorsque la présomption d'indignité, en matière criminelle ne résiste pas aux épreuves déterminées par la loi ?

Lorsque le comptable, condamné pour soustraction de deniers publics à la peine des travaux forcés (art. 167 et 170 du Code pénal), peut redevenir apte, par la réhabilitation, à l'exercice de fonctions publiques ; pourquoi le comptable qui, à raison de la modicité du détournement, n'encourt qu'une peine correctionnelle (art. 171), ne pourrait-il pas recouvrer la même aptitude ?

Quand le juge, que l'art. 177 du Code pénal frappe de dégradation civique, pour corruption, peut, au bout de cinq ans, grâce au secours de la réhabilitation, être appelé de nouveau à des fonctions publiques ; pourquoi le juge, puni par l'art. 185, pour deni de justice, d'une simple amende et d'une interdiction, de cinq ans à vingt ans, de l'exercice des fonctions publiques, resterait-il forcément sous le coup de cette interdiction pendant vingt ans, si le maximum avait été appliqué ?

Enfin, les art. 86, 89, 91, 109, 112, 113, 123, 185, 197, 335, 374, 388, 400, 401, 405, 406, 410, édictent, en matière correctionnelle, des incapacités qui s'étendent de deux à vingt ans. — Pourquoi ces incapacités temporaires ne pourraient-elles être effacées, avant le terme assigné à leur durée, quand la présomption d'indignité, sur laquelle elles reposent, est susceptible d'être démentie ?

Deux fois, sous la monarchie de juillet, le Gouvernement saisit les Chambres d'un projet tendant à appliquer la réhabilitation aux condamnations correctionnelles. Une première fois la proposition fut repoussée par la Chambre des pairs, conformément aux conclusions de son rapporteur, M. Franck-Carré, après une discussion à laquelle prirent part, dans le sens du projet, le garde-des-sceaux et M. Bérenger ; et, dans le sens contraire, le rapporteur et M. le comte d'Argout. (Séance du 20 mai 1843, *Moniteur* du 21 mai ; et séance du 22 mai, *Moniteur* du 23.)

En 1845, la même proposition fut reproduite à la Chambre des députés et retirée après un rapport contraire que fit M. Chaix-d'Est-Ange. (Séance du 25 avril 1845, *Moniteur* du 3 mai.)

Le 18 avril 1848, un décret du Gouvernement provisoire admit à la réhabilitation les condamnés correctionnels ; la demande ne pouvait être formée que trois ans après l'expiration de la peine. Le ministre de la justice était investi des attributions du pouvoir judiciaire et du chef du pouvoir exécutif, non-seulement pour les condamnations correctionnelles, mais même pour les condamnations à des peines en matière criminelle. Le procureur-général du ressort du domicile du condamné était consulté; son avis pour le rejet n'avait pas plus d'autorité que son avis en faveur de l'admission. Le ministre statuait, comme appréciateur souverain ; le décret déclarait que ces dispositions n'étaient que provisoires.

Une loi des 3-6 juillet 1852 a abrogé les décrets du 18 avril 1848, et a apporté d'utiles réformes aux dispositions du chapitre 4, titre VII, livre II, du Code d'instruction criminelle.

La réhabilitation s'applique à toutes les condamnations à des peines en matière criminelle, que les peines soient temporaires ou perpétuelles; la grâce ou la commutation efface la perpétuité.

La réhabilitation continue de s'appliquer à la dégradation civique, prononcée principalement, et elle est étendue au renvoi sous la surveillance de la haute-police, prononcée au même titre. La demande en réhabilitation ne peut être formée que cinq ans après l'expiration de la peine, et cinq ans à partir de l'irrévocabilité de la condamnation, s'il s'agit du renvoi sous la surveillance de la haute-police, ou de la dégradation civique, lorsque la dégradation civique n'a pas été accompagnée d'un emprisonnement.

M. Rouher, commissaire du Gouvernement, a justifié, par des observations d'une grande justesse juridique, l'innovation relative à la surveillance de la haute-police : « Les auteurs du projet ont été amenés « à se demander si la surveillance de la haute-police « était une peine ou une incapacité ; si c'est une « peine, le droit de grâce pouvait la faire disparaître ; « si c'est une incapacité, elle devrait échapper à « l'action du droit de grâce, car les incapacités « qui intéressent les tiers restent dans le domaine « de la justice. La Chancellerie, à cet égard, avait « beaucoup hésité ; jamais elle ne s'était décidée à « provoquer l'exercice du droit de grâce en faveur « des condamnés à la surveillance de la haute-police, « pour les affranchir de cette surveillance. »

L'application que le décret du 18 avril 1848 avait faite de la réhabilitation aux condamnations correctionnelles a été maintenue. L'exposé des motifs de la loi des 3-6 juillet 1852 a, sur ce point, péremptoirement réfuté les objections qui avaient arrêté en 1843 et en 1845 : « On jetterait l'infamie sur les peines « correctionnelles, avait dit le rapporteur à la « Chambre des pairs, le 20 mai 1843, sous le prétexte « de leur assurer le bénéfice de la réhabilitation ; » et l'éloquent rapporteur de la commission de la Chambre des députés, M. Chaix-d'Est-Ange, avait reproduit la même idée : « Ne serait-ce pas sup- « poser que le citoyen condamné correctionnelle- « ment, qui a subi sa peine, n'a pourtant pas payé « sa dette, et qu'il vit encore sous le poids d'une in- « famie dont la réhabilitation peut seule le déga- « ger ? »

Voici la réponse de l'exposé des motifs :

D'après le Code de 1808, « la réhabilitation n'a « d'autre objet que de faire cesser les incapacités « résultant des condamnations. En matière de fail- « lite, la réhabilitation, une réhabilitation spéciale, « il est vrai, intervient pour restituer la capacité « commerciale ; est-ce à dire qu'elle suppose une « infamie préexistante et qu'elle ait à en laver la « tache ? Est-il plus raisonnable d'avancer qu'une « confusion entre la peine correctionnelle et la « peine infamante est imminente, du moment où « la réhabilitation devient commune aux incapacités « qui leur survivent ? Mais les peines elles-mêmes, « ce qui est bien autrement grave, n'ont-elles pas « un point de contact dans la juridiction gracieuse « dont toutes elles relèvent et où toutes elles se « rencontrent ? Perdent-elles, pour cela, leur ca- « ractère particulier et leur signification morale ? « L'expérience est faite depuis quatre ans, que le « décret du Gouvernement provisoire est en vigueur, « et il n'apparaît pas qu'une confusion s'opère « dans les esprits entre des actions punissables de « diverses natures ; rien n'annonce que la notion « du crime et du délit s'altère dans l'opinion pu- « blique. »

Qu'il me soit permis de le constater ici, cette réponse avait été formulée, dès 1846, par mon savant prédécesseur, M. de Boislambert, dans des Observations, faites au nom de notre Faculté, sur un projet de modifications à apporter au Code d'instruction criminelle, que le Ministre de la justice avait soumis à sa délibération.

« L'on a craint qu'en admettant la réhabilitation pour « les condamnations correctionnelles, on ne parût « attacher à la condamnation l'infamie légale réservée « aux peines afflictives ou infamantes. Cette crainte « est peu fondée ; un adoucissement dans la situation « des individus frappés de peines correctionnelles, ne « saurait amoindrir l'intervalle immense qui sépare « ces peines des peines criminelles. Ce qui donne de « l'importance aux condamnations correctionnelles, « c'est la capacité ou la longue durée des incapacités « qu'elles entraînent, et non le moyen offert pour faire « tomber les incapacités. » (P. 28.)

On disait encore : —Les incapacités en matière criminelle ne sont pas des peines, mais des conséquences ou de l'irrévocabilité ou de l'exécution des peines ; elles ne sont pas prononcées par le juge ; elles ne sont pas écrites dans l'arrêt. Au contraire, en matière correctionnelle, les incapacités sont infligées à titre d'expiation ; elles sont quelquefois même le fond de la condamnation, elles n'existent pas de plein droit.

Deux réponses excellentes ont été faites ; j'emprunte la première aux Observations de notre Faculté et au rapport de M. de Boislambert : « Cette différence entre les « incapacités prononcées par la loi elle-même, et les « incapacités que les juges peuvent ou doivent prononcer en vertu de la disposition de la loi, n'est-elle pas « plus subtile que réelle ? Le législateur n'en a tenu « aucun compte quand il s'est agi de la dégradation

« civique. Tantôt elle est la conséquence d'une autre « peine (art. 28 du Code pénal), tantôt elle est infligée « comme peine principale (art. 8 et 35 du même « Code) et, dans l'un et l'autre cas, elle cesse par la « réhabilitation (art. 619 du C. ins. crim.). D'ailleurs « si l'incapacité était une peine proprement dite, le « Roi pourrait en faire remise. Or, ne vaut-il pas « mieux, en législation, exiger, en pareil cas, l'infor- « mation prescrite pour la réhabilitation par les art. « 620 et suivants, et faire de la réintégration du con- « damné dans tous ses droits, un acte de justice plutôt « que de clémence? » (Pages 27 et 28.)

La seconde réponse est écrite dans l'exposé des motifs de la loi des 3-6 juillet 1852 : « Comment « confondre avec de véritables peines les interdictions « prononcées par des lois spéciales, telles que la loi « sur l'enseignement ou la loi électorale? Est-ce que « des peines pourraient être créées aujourd'hui pour « réagir sur ce passé? Est-ce qu'elles pourraient res- « saisir un individu qui, depuis trente ou quarante ans, « a expié sa faute? Les peines comportent-elles jamais « cette rétroactivité? »

On ne saurait mieux dire : la preuve décisive que certaines interdictions ne sont pas des peines, c'est qu'elles ont pu être ajoutées après coup aux condamnations, et ce, sans jugement, par la seule puissance de lois postérieures.

Je ne puis qu'applaudir aux dispositions de la loi des 3-6 juillet 1852, qui étendent l'application du remède de la réhabilitation à des situations dont le législateur de 1808 ne s'était pas assez préoccupé.

Mais la loi nouvelle n'a-t-elle pas, réagissant elle-même contre la pensée qui l'inspirait, aggravé et élargi les dispositions qui refusent le bénéfice de la réhabilitation aux récidivistes?

D'après l'article 634 du Code d'instruction criminelle, le condamné pour récidive ne devait jamais être admis à la réhabilitation. Cette disposition n'avait été modifiée ni par la loi du 28 avril 1832, ni par le décret du 18 avril 1848.

Dans le sens du Code d'instruction criminelle de 1808, le condamné pour crime qui, depuis l'irrévocabilité de sa condamnation, commettait un délit, n'était pas récidiviste, puisqu'il ne supportait que la peine attachée à sa seconde infraction, sans aggravation, et que, d'ailleurs, la réhabilitation n'étant pas admise pour les délits, il n'était pas besoin de dire que la condamnation pour récidive ne serait point effacée par la réhabilitation.

Par la même raison, le condamné pour crime, qui, après l'irrévocabilité de sa condamnation, commettait un second crime, que l'admission des circonstances atténuantes ne permettait de punir que de peines correctionnelles, n'était pas récidiviste, puisque la circonstance de la rechute n'entraînait aucune aggravation.

Par la même raison encore, l'agent qui, condamné d'abord pour un délit, commettait ensuite un crime, pouvait être réhabilité, car la réhabilitation n'avait pas à effacer la conséquence d'une pénalité afflictive et infamante, ou infamante seulement, aggravée par la récidive.

Le condamné pour crime, qui, depuis la première condamnation, quelle que fût la peine, qu'elle fût une peine en matière criminelle, ou une peine correctionnelle, commettait un second crime, puni d'une peine afflictive ou infamante, était seul exclu du bénéfice de la réhabilitation. La récidive, dans ce cas, entraînait, en effet, aux termes de l'art. 56 du Code pénal de 1810, une aggravation de pénalité afflictive ou infamante; mais l'art. 56, révisé par la loi du 28 avril 1832, n'attache au second crime l'aggravation de pénalité afflictive ou infamante, qu'autant que le premier crime avait été lui-même puni d'une peine afflictive ou infamante; l'art. 634 C. inst. crim., qui se référait à l'art. 56 du Code pénal, ne déclarait donc indigne de réhabilitation que l'agent qui avait été successivement frappé de deux peines afflictives ou infamantes.

La loi des 3-6 juillet 1852, dans la modification qu'elle a fait subir à l'ancien art. 634, n'a pas tenu compte de la révision de l'art. 56 du Code pénal de 1810, opérée par la loi du 28 avril 1832 : « Aucun « individu, *condamné* pour crime, qui aura commis « un second crime, et subi une nouvelle condamna- « tion à une peine afflictive et infamante, ne sera « admis à la réhabilitation. »

Cet article suppose-t-il qu'il suffit que la première condamnation ait eu lieu *pour crime,* quelle qu'ait été la peine, pour que la seconde condamnation, du moment où elle prononcera une peine afflictive ou infamante, soit exclusive de réhabilitation?

Si telle est la portée de l'article, il est en désaccord avec l'art. 56 du Code pénal, dans sa rédaction actuelle. Il se réfère cependant encore à cet art. 56, et ne se réfère aucunement aux art. 57 et 58. En effet, ce n'est pas tout condamné pour récidive, qui est déclaré indigne d'être réhabilité; ce n'est pas même tout condamné à une peine aggravée par la récidive qui encourt cette indignité; l'aggravation pour récidive, dans les termes des art. 57 et 58 du Code pénal, n'interdit pas l'espérance de la réhabilitation; c'est donc la récidive de l'art. 56, la récidive de crime à crime, que le législateur entendait atteindre; mais, encore une fois, la condition d'existence de cette récidive, c'est qu'il y ait succession de deux peines afflictives ou infamantes.

Vainement objecterait-on que le refus de la réhabilitation a bien pu être subordonné à la circonstance d'une seconde condamnation à une peine afflictive ou infamante, précédée d'une condamnation pour crime, sans qu'il y eût nécessité d'une aggravation pour récidive. Comment la loi peut-elle ouvrir la voie de la réhabilitation à un récidiviste dont elle aggrave la peine pour cause de récidive, et la fermer à des récidivistes, ou plutôt à des agents non *récidivistes* dans le vrai sens du Code, à des agents pour lesquels la rechute n'est pas une cause d'aggravation?

Le projet du Gouvernement n'excluait aucun récidiviste de la réhabilitation; il se conformait en cela au

Code pénal du 27 septembre 1791 ; le Code d'instruction criminelle n'avait appliqué et n'avait pu appliquer l'exclusion qu'à la récidive de crime à crime, puisque les condamnés pour délit ne devaient pas être réhabilités.

Lors de la discussion de la loi du 26 juillet 1852, un membre du Corps législatif, M. Favart, proposa d'étendre l'exclusion à toute récidive, à la récidive de *délit à délit* comme à la récidive de *crime à crime*.

MM. de Beauverger et de Montreuil proposèrent un amendement tendant à n'exclure de la réhabilitation que la récidive de crime à crime.

Ce fut l'amendement de M. Favart, que la Commission du Corps législatif adopta.

Le Conseil d'Etat, auquel ce dernier amendement fut renvoyé, abandonna le projet du Gouvernement pour se rallier à l'amendement de MM. de Beauverger et de Montreuil, et c'est cet amendement qui forme aujourd'hui la loi.

Le rapport, fait au nom de la Commission du Corps législatif, par M. Langlais, semble révéler que le législateur de 1832 a été préoccupé de l'idée, que le Code d'instruction criminelle regardait toute rechute dans l'infraction, comme une cause exclusive de réhabilitation.

« La Commission, dit le rapport, a saisi officielle-
« ment le Conseil d'État d'un amendement destiné à
« *remettre en vigueur* l'art. 634 du Code d'instruc-
« tion criminelle. » Il s'agissait de l'amendement de M. Favart ; l'adoption de l'amendement de MM. de

Beauverger et de Montreuil a donc paru un adoucissement et non une aggravation de l'art. 634.

Un savant jurisconsulte, M. Duvergier, dans ses notes sur le nouvel art. 634, a partagé l'idée dont le Corps législatif s'est inspiré : « M. Favart a pro-« posé d'exclure tous les récidivistes sans exception ; « *c'était le retour à l'art.* 634 *du Code d'instruction* « *criminelle.* »

C'était, au contraire, le renversement de toute l'économie des principes du Code d'instruction criminelle en matière de réhabilitation. La loi des 3-6 juillet 1852 se réfère à l'ancien article 56 du Code pénal, et ne tient pas compte de la réforme dont il a été l'objet en 1832 (1).

J'avoue que toutes mes préférences eussent été pour le projet du Gouvernement : aucune récidive ne devrait, à mon sens, entraîner l'impossibilité d'une réhabilitation. La récidive est sans doute une grave présomption de ténacité dans le mal et dans la rébellion contre la loi. Toutefois, elle n'est pas de nature à détruire toute possibilité, toute espérance de régénération ; et si le récidiviste parvient à dépouiller le vieil homme, s'il se régénère, s'il rachète, par de nombreux et persévérants témoignages de bonne conduite, un passé avec lequel il a rompu, pourquoi perpétuer une indignité qui ne repose que sur une présomption que le fait a heureusement démentie ? Si la récidive n'exclut

(1) Voir notre *Cours de Code pénal*, pages 445, 446 et 447.

pas l'admission des circonstances atténuantes, pourquoi exclurait-elle à toujours la réhabilitation (1) ?

Le nouvel art. 634 refuse au condamné, qui a déjà été réhabilité, le bienfait d'une nouvelle réhabilitation pour une nouvelle infraction. « Cette faveur, a dit « l'*Exposé des motifs*, ne doit pas être prodiguée ; elle « repousse l'hypocrisie qui la convoite, et elle ne doit « pas être accordée à ceux-là qui s'en sont couverts « pour tromper la foi publique. » Quelles garanties pourraient offrir de nouveaux gages de retour au bien, quand ces gages que la société avait déjà acceptés n'ont été qu'un instrument de surprise, une cause de déception ?

Quelles sont les conditions et les formes de la réhabilitation ?

Quatre conditions matérielles sont exigées :

1° Il faut que le condamné soit libéré de sa peine ; libéré parce qu'il l'a subie ou parce qu'il en a obtenu remise ; la libération résultant de la prescription, n'accomplirait pas cette condition (2).

N'est-ce pas une nouvelle preuve que notre loi ne fonde pas la prescription de la peine sur une présomption d'expiation morale, ou d'expiation par équivalent ?

(1) Voir, en ce sens, M. Faustin Hélie : *Revue de législation* tome 7 de l'ancienne Collection, page 48. Voir aussi l'*Exposé de motifs* de la loi des 3-6 juillet 1852 ; — *Contrà*, Vote de la Chambre des pairs du 22 mai 1843, Commission de la Chambre des députés en 1845, et Observations de la Faculté de droit de Caen en 1846, rapport de M. de Boislambert page 25.

(2) Cour de Paris, 5 avril 1853, Devil. et Car. 53-2-293.

2° Il faut que le condamné, depuis l'affranchissement de sa peine, ait fait une sorte de stage, et comme un essai de sa liberté, s'il s'agit d'une peine criminelle, pendant cinq ans, et, s'il s'agit d'une peine en matière correctionnelle, pendant trois ans.

Le délai court du jour de l'irrévocabilité de la condamnation, pour la surveillance de la haute-police, et, pour la dégradation civique, prononcées comme peines principales ; il ne court, toutefois, pour la dégradation civique, que du jour de la libération de l'emprisonnement, si la peine de l'emprisonnement y a été ajoutée.

3° Il faut que le condamné, depuis sa libération, ait résidé dans le même arrondissement, au moins pendant cinq ans, s'il s'agit d'une peine criminelle, et pendant trois ans, s'il s'agit d'une peine correctionnelle, et que, dans l'un et l'autre cas, il ait résidé dans la même commune, au moins pendant les deux dernières années qui ont précédé la demande en réhabilitation.

Ces trois conditions sont l'expression d'une même pensée ; le temps pendant lequel le condamné est non recevable à réclamer la réhabilitation, est un temps d'épreuve : sans la fixité de résidence, la conduite du libéré n'échapperait-elle pas à tout moyen de contrôle?

4° Le condamné doit justifier du payement des frais de justice, de l'amende et des dommages et intérêts auxquels il a pu être condamné, ou de la remise qui lui en a été faite. A défaut de cette justification, il doit établir qu'il a subi le temps de contrainte par corps déterminé par la loi, ou que la partie lésée a renoncé à ce moyen d'exécution.

La nature spéciale du crime de banqueroute frauduleuse a motivé une disposition qui n'a que l'apparence d'une exception, mais qui, dans la réalité, n'est, comme l'a très bien dit M. Langlais, que l'application du principe que tout condamné doit, avant d'obtenir la réhabilitation, réparer le préjudice qu'il a causé. Le banqueroutier frauduleux doit justifier du payement de son passif en capital, intérêts et frais.

« Le crime de banqueroute frauduleuse (je repro-
« duis l'explication de M. Langlais), a ce caractère
« particulier, qu'il atteint une collection d'individus,
« et que chacun de ces individus n'a pas la faculté
« de se faire attribuer d'autres et plus forts droits
« que ceux de la masse des créanciers. Le banque-
« routier serait donc le seul qui pourrait être réhabi-
« lité sans désintéresser ses victimes. La Chancellerie
« a, d'ailleurs, tranché la question ; car on ne réha-
« bilite le banqueroutier frauduleux que s'il a payé ses
« créanciers. Pourquoi voudrait-on que l'adminis-
« tration fût plus morale que la loi ? »

Quant aux formes, elles sont indiquées par les art. 622, 624, 625, 626, 627, 628, 629, 630, 631, 632 et 633 du Code d'instruction criminelle.

« Le condamné adresse la demande en réhabili-
« tation au procureur-impérial de l'arrondissement,
« en faisant connaître : 1° la date de sa condamna-
« tion ; 2° les lieux où il a résidé depuis sa libération,
« s'il s'est écoulé après cette époque un temps plus
« long que celui fixé par l'art. 620 » (art. 622).

« Le procureur-impérial provoque, par l'intermé-« diaire du sous-préfet, des attestations délibérées « par les conseils municipaux des communes où le « condamné a résidé, faisant connaître :

« 1° La durée de sa résidence dans chaque com-« mune, avec indication du jour où elle a commencé « et de celui auquel elle a fini ;

« 2° Sa conduite pendant la durée de son séjour ;

« 3° Ses moyens d'existence pendant le même temps.

« Ces attestations doivent contenir la mention ex-« presse qu'elles ont été rédigées pour servir à l'ap-« préciation de la demande en réhabilitation.

« Le procureur-impérial prend, en outre, l'avis du « maire des communes et du juge-de-paix des can-« tons où le condamné a résidé, ainsi que celui du « sous-préfet de l'arrondissement. » (Art. 624.)

« Le procureur-impérial se fait délivrer : 1° une ex-« pédition de l'arrêt de condamnation ; 2° un extrait « des registres des lieux de détention où la peine a été « subie, constatant quelle a été la conduite du con-« damné.

« Il transmet les pièces, avec son avis, au procu-« reur-général. » (Art. 625.)

« La Cour dans le ressort de laquelle réside le con-« damné est saisie de la demande.

« Les pièces sont déposées au greffe de cette Cour « par les soins du procureur-général. » (Art. 626.)

« Dans les deux mois du dépôt, l'affaire est rap-« portée à *la Chambre d'accusation* ; le procureur-« général donne ses conclusions motivées et par écrit.

« Il peut requérir en tout état de cause, et la Cour « peut ordonner, même d'office, de nouvelles infor- « mations, sans qu'il puisse en résulter un retard de « plus de six mois. » (Art. 627.)

« La Cour, le procureur-général entendu, donne « son avis motivé. » (Art. 628).

« Si l'avis de la Cour n'est pas favorable à la réha- « bilitation, une nouvelle demande ne peut être pro- « noncée avant l'expiration du délai de deux années. » (Art. 629) (1).

« Si l'avis est favorable, il est, avec les pièces pro- « duites, transmis par le procureur-général, et dans « le plus bref délai possible, au ministre de la justice, « qui peut consulter la Cour ou le Tribunal qui a pro- « noncé la condamnation. » (Art. 630).

« L'Empereur statue sur le rapport du ministre « de la justice. » (Art. 631.)

« Des lettres de réhabilitation seront expédiées, au « cas d'admission de la demande. » (Art. 632.)

« Les lettres de réhabilitation sont adressées à la « Cour qui a donné l'avis.

« Une copie authentique en est adressée à la Cour « ou au Tribunal qui a prononcé la condamnation. « Ces lettres seront transcrites en marge de la mi- « nute de l'arrêt ou du jugement de condamnation. » (Art. 633.)

(1) Le pourvoi de Cassation n'est pas admissible contre l'avis négatif de la Chambre d'accusation. — Cassat., 1er septembre 1853; *Journal de Droit criminel* de M. Achille Morin, année 1854, p. 25.

« Le pouvoir administratif, dit l'exposé des motifs « de la loi des 3-6 juillet 1852, reçoit la demande *dans « la personne du procureur-impérial*, et est appelé « à fournir l'instruction qu'elle comporte ; le pouvoir « judiciaire vérifie cette instruction, et rend un avis « qui équivaut à un rejet de la demande, s'il est dé- « favorable.

« Le pouvoir politique prononce sur la demande, « lorsqu'elle est soumise à son approbation. »

Le Code d'instruction criminelle, sans maintenir la forme théâtrale de la réhabilitation du Code du 25 septembre 1791, sans rappeler cette comparution de l'impétrant devant les tribunaux, qui était, comme on l'a dit, une espèce *d'ovation* (1), imposait des conditions de publicité. L'annonce de la demande en réhabilitation devait être insérée au journal judiciaire du lieu où jugeait la Cour, appelée à donner son avis, et au journal judiciaire du lieu de la condamnation ; c'était sans doute un appel aux renseignements ; mais les renseignements, ainsi obtenus, étaient-ils bien dignes de confiance ? La pensée qui les dictait était-elle bien pure ? Ne provoquait-on pas les haines et les mauvaises passions ? Pouvait-on légitimement compter sur l'empressement des gens honnêtes à répondre, en quelque sorte d'office, puisqu'ils n'étaient interrogés que collectivement et d'une manière si indirecte ? D'ailleurs, cette nécessité de rappeler la faute, pour faire vérifier si les derniers vestiges en devaient être effacés, n'était-

(1) Exposé de motifs de M. Rouher.

elle pas de nature à inspirer beaucoup de répugnance pour un secours qui s'achetait au prix d'une révélation pleine d'humiliations et peut-être de dangers? L'aveu de la faute, disait-on, était suivi par la déclaration du pouvoir souverain que l'expiation avait été complète. — Mais rien ne garantissait que l'épreuve, cette épreuve si douloureuse, serait couronnée de succès, et le succès lui-même était-il un remède absolument réparateur du mal?

La publicité par la voie des journaux a été supprimée ; on s'est contenté, avec raison, de la publicité qui résultera du recours aux conseils municipaux.

Lorsque le pouvoir exécutif, malgré l'avis favorable de l'autorité judiciaire, n'admet pas la réhabilitation, exclut-il nécessairement, pour toujours ou pour un temps déterminé, par exemple, pour deux années, d'après l'analogie que pourrait sembler fournir l'article 649, une nouvelle demande du condamné? Non, la loi est muette sur cet article, et la décision de rejet (631) implique peut-être, non l'indignité du réclamant, mais l'insuffisance de l'épreuve.

Quels sont les effets de la réhabilitation ?

L'art. 634 déclare que la réhabilitation *fait cesser pour l'avenir, dans la personne du condamné, toutes les incapacités qui résultaient de la condamnation.*

Si la réhabilitation anéantit les résultats de la condamnation, elle n'anéantit pas la condamnation elle-même ; elle la laisse subsister comme un fait, comme un fait légal, comme un fait légitime dans son principe et à sa date, comme un fait qui a produit ou pu produire des effets dans le passé, mais qui doit cesser d'en produire à l'avenir.

Cependant un de nos meilleurs criminalistes a écrit que *la réhabilitation ne serait qu'une mesure vaine et impuissante, si elle passait sur la première condamnation sans l'abolir* (1).

Je ne saurais, pour mon compte, m'associer à cette opinion ; l'amnistie a seule le pouvoir d'anéantir une condamnation légale, d'enlever à l'œuvre de la justice son cachet de légitimité, en ébranlant la présomption *juris et de jure* de vérité qui s'y attachait. La réhabilitation suppose non-seulement la légitimité du jugement, mais la soumission à ce jugement, mais l'exécution de la condamnation, ou la dispense par la grâce de cette exécution ; c'est ce que M. Langlais, au nom de la Commission du Corps législatif, a nettement proclamé : « La réhabilitation civile *n'efface pas le crime,* « *ne détruit pas le jugement, la condamnation.* » Gardons-nous de croire que ce ne soit là qu'une question de mots ; sa solution implique de graves conséquences. L'opinion que je combats a de son principe tiré logiquement cette déduction, à savoir : que la condamnation détruite par la réhabilitation ne pourrait servir de base à une aggravation de peine, dans le cas où le réhabilité commettrait une infraction nouvelle : « La réhabilitation, a-t-on dit, *scinde la vie du con-* « *damné en deux parties, qui ne doivent pas refluer* « *l'une sur l'autre, — elle détruit la criminalité an-*

(1) M. Faustin Hélie, *Revue de législation*, t. VII, p. 44.

« *térieure ; ce n'est donc qu'à partir de sa date qu'il* « *est permis de constater et de punir une criminalité* « *nouvelle* (1). »

Si la première condamnation survit à la réhabilitation, elle doit, comme je vous l'ai professé dans ma leçon sur la récidive, donner lieu à l'application de l'aggravation, quand, d'ailleurs, la nouvelle infraction place l'agent dans les autres conditions des art. 56, 57 et 58 du Code pénal (2).

Cette solution, à laquelle conduisent les principes, n'est-elle pas, d'ailleurs, conforme à la justice et à l'intérêt social ? La nouvelle infraction ne démontre-t-elle pas que le repentir à l'existence, à la stabilité duquel la société a eu le tort d'accorder une trop prompte foi, n'était pas sincère, ou au moins n'était pas durable ? Comment un acte, surpris à l'aide de fausses apparences, servirait-il d'égide contre l'aggravation que la loi a attachée sous certaines conditions, à la rechute dans la violation de la loi (3) ?

La réhabilitation affranchit-elle les condamnés de toutes les déchéances, sans exception, que la condamnation faisait peser sur eux, aussi bien des exclusions et indignités qui les écartent de la vie publique, de ses charges, de ses fonctions, de ses honneurs, que des incapacités civiles ? Les rend-elle tout à la fois et à la vie

(1) *Revue de législation*, t. VII, p. 44.

(2) *Cours de Code pénal*, p. 449.

(3) *Sic*, *Observations de la Faculté de droit de Caen*, en 1846, rapport de M. de Boislambert, p. 28.

civile et à la vie publique ? On a soutenu qu'il y avait une distinction à faire, et on a prétendu en trouver la preuve dans la terminologie de l'article 34 du Code pénal, qui énumère les droits enlevés par la dégradation civique. Cet article contient cinq paragraphes. Ce n'est, a-t-on dit, que dans les 3e et 4e §§ qu'il parle *d'incapacités ;* et ces deux paragraphes n'ont trait *qu'à des droits civils.*

Les §§ 1er, 2 et 5 parlent de *destitution, d'exclusion,* de *privation de droits.* Ces trois paragraphes ont trait à des avantages, à des droits se rattachant à la vie publique : c'est qu'ils créent des déchéances irrévocables, des indignités irrémédiables ; la vie publique n'admet pas de puretés artificielles, en quelque sorte de seconde main, des puretés refaites avec le secours de fictions légales. Aussi l'art. 634 ne promet-il la cessation que des *incapacités,* c'est-à-dire qu'il ne se réfère qu'aux §§ 3 et 4 de l'art. 34.

Ce système fut fort habilement développé en 1843, par le rapporteur de la Commission de la Chambre des pairs. Je ne crois pas ce système admissible : la réhabilitation fait cesser la dégradation civique, la dégradation civique tout entière, et non pas tels ou tels de ses éléments ; elle réintègre le condamné dans la plénitude de ses droits, et lui restitue, par conséquent, aussi bien l'aptitude à la vie publique que l'aptitude à la vie civile.

La doctrine soutenue en 1843 à la Chambre des pairs, a semblé vouloir se faire jour dans la discussion de la loi du 6 juillet 1852.—M. de Montreuil a demandé que, nonobstant la réhabilitation, on refusât au condamné pour crime, la jouissance *des droits civiques.*

« Lorsqu'un homme, a répondu la Commission, offre « à la société assez de garanties pour qu'elle lui restitue ses droits civils, on ne comprendrait pas qu'elle « le proclamât indigne de recouvrer ses droits poli- « tiques. »

La réhabilitation civile ne relève pas, toutefois, le condamné pour banqueroute frauduleuse, de l'exclusion de la réhabilitation commerciale que fait peser sur lui l'art. 612 du Code de commerce (art. 634). « La « réhabilitation civile, a dit au Corps législatif M. Lan- « glais, rapporteur de la Commission, lui rend les « droits dont la condamnation l'avait privé ; elle le « laisse, pour le surplus, sous l'empire des lois com- « merciales. *C'est un criminel réhabilité ; ce n'est « pas un commerçant réhabilité.* »

QUATRIÈME LEÇON.

Sommaire.—Prescription de l'action publique et prescription de la peine.—Fondement philosophique de la prescription.—Rejet des causes assignées à la prescription de l'action publique, par MM. Réal et Louvet au Corps législatif, et admises par MM. Le Sellyer, Rodière, Faustin Hélie.—Rejet des causes assignées à la prescription de la peine, par MM. Réal et Louvet, causes admises par MM. Boitard Rodière, etc.—Indication de quelques-unes des conséquences de la solution à adopter sur cette question de principe. — Histoire. —Droit romain.—Ancien droit. — Droit intermédiaire.—Code pénal de l'Empire.—La durée de la prescription de la poursuite et de la prescription de la peine varie avec la classe de l'infraction à poursuivre ou de l'infraction jugée. — Durée de la prescription de la poursuite.—Pourquoi la prescription de la poursuite est-elle interrompue par un acte d'instruction, non-seulement à l'égard de l'agent poursuivi, mais encore à l'égard de l'agent non poursuivi ? – Critique d'un criminaliste. —Réponse.—Point de départ de la prescription de la poursuite.—Infractions instantanées.—Infractions continues. —*Quid* du recel ? — Le recéleur est-il protégé par la prescription qui protége le voleur ? — Dissidence avec MM. Le Sellyer et Faustin Hélie. — Infractions complexes.—Délit d'habitude d'usure.—Point de départ, pour ce délit, de la prescription de la poursuite. — Trois systèmes. — Influence de la loi du 19 décembre 1850. — Système de MM. Le Graverend, Le Sellyer, Faustin Hélie ; système de M. Rauter et de la Cour de cassation ; système intermédiaire. — Prescription de la peine. — Pourquoi la prescription de la peine est-elle plus longue que la prescription de la poursuite ? — Point de départ de la prescription de la peine. — Condamnation contradictoire en matière criminelle. — Condamnation par contumace. — Quand la prescription de la peine est-elle substituée à la prescription de l'action ? — L'éventualité du pourvoi en cassation contre une condamnation contradictoire en matière criminelle empêche-t-elle le cours de la prescription de la peine ? — Le pourvoi formé par le ministère public contre un arrêt d'absolution interrompt-il la prescription de l'action publique ? — La suspend-il ? — Le pourvoi formé par le condamné ou par le ministère public contre un arrêt de condamnation interrompt-il la prescription de l'action publique ? — La suspend-il ? — Y a-t-il des distinctions à faire, sous ce rapport, entre le pourvoi du condamné et le pourvoi du ministère public ? — Rejet d'une opinion de M. Rauter. — Point de départ de la prescription de la peine pour les matières correctionnelle et de police. — Distinctions. — Rejet d'une opinion de M. Rodière. — Interprétation de l'art. 640 du Code d'instruction criminelle. — Dissidence avec M. Le Sellyer, M. Mangin, M. Achille Morin. — Le pourvoi formé par le ministère public contre un jugement de police, est-il interruptif ? — Est-il suspensif ? — Jurisprudence de la Cour de cassation critiquée. — La cassation du jugement de police est-elle une cause d'interruption ? — Le pourvoi formé par la partie condamnée est-il interruptif ? — Est-il suspensif ? — La prescription de la peine court-elle quand la peine s'exécute ?

MESSIEURS,

Le temps, qui apporte l'oubli et finit par abolir la mémoire, ne doit-il pas avoir sur les infractions et les condamnations les effets de l'amnistie et de la grâce ? Quand une longue suite d'années sépare de l'époque à laquelle la loi a pu être violée, n'y a-t-il pas, le plus souvent, impossibilité absolue de constater soit l'existence ou le caractère de l'infraction, soit le lien qui unit à elle l'infracteur ? N'y a-t-il pas toujours au moins difficulté excessive, chance d'erreur, dans la constatation ? Comment ne pas tenir compte du péril de recherches qui remontent à un passé que tant de causes voilent et dérobent, qu'une obscurité, de jour en jour croissante, enveloppe et semble garantir contre les tentatives d'investigation ? Les recherches, d'ailleurs, seraient-elles profitables à la société ? Pourquoi des recherches qui feraient revivre le souvenir d'une violation des commandements sociaux restée impunie ? L'impunité d'une infraction oubliée est sans dangers. Cette impunité n'est pas une preuve de l'inefficacité de la sanction pénale, puisque l'existence de l'acte qui l'a encourue est au moins incertaine, et n'aboutirait fréquemment qu'à la démonstration officielle de la vanité des efforts de la société pour atteindre, la preuve de l'infraction une fois rapportée, l'agent responsable, le coupable. Pourquoi s'exposer à rappeler une infraction qui ne réclamait pas de châtiment ?

Ce serait une singulière manière de rendre hommage à la loi que d'affronter gratuitement la chance de donner un témoignage public de son impuissance.

Supposez que, dans certaines hypothèses, la répression puisse être obtenue, et obtenue, je le veux, avec toutes les garanties d'une bonne justice ; la conscience du juge sera en sécurité, mais la conscience publique, la conscience de ceux qui n'auront pas pu peser les preuves, et ceux-là seront toujours le grand nombre, ne sera-t-elle pas inquiète, troublée ? Ratifiera-t-elle la sentence ? La sentence ne doit pas seulement être juste ; il faut qu'aux yeux de tous, elle apparaisse telle, et la prudence de la loi lui commanderait encore de s'abstenir, quand elle aurait, dans quelques cas exceptionnels, la certitude d'atteindre le coupable. La société tout entière doit être convaincue que ses lois ne l'exposent pas à quelque funeste méprise.

La prescription qui éteint l'action publique est fondée sur les considérations qui légitiment l'amnistie.

Ce n'est pas parce que l'âgent a possédé, pendant une

durée plus ou moins longue, l'impunité, qu'il l'a acquise ; l'impunité n'engendre pas l'impunité, et de ce qu'un agent n'a pas encore été puni, il n'est pas permis de conclure qu'il ne doit pas être puni.

La prescription n'est pas non plus fondée sur une présomption d'expiation morale, parce que l'expiation morale n'étant pas infligée par la société, le fait même prouvé de cette expiation ne dispenserait pas de l'expiation sociale. Comment la présomption serait-elle efficace, quand la preuve serait elle-même impuissante?

J'écarte la présomption d'expiation morale qu'admettent, avec M. Réal, dans l'exposé de motifs, avec M. Louvet, dans son rapport au Corps législatif, MM. Le Sellyer, Rodière, Faustin Hélie (1) ; la prescription de l'action publique est, comme l'amnistie, établie, non dans l'intérêt individuel des agents qui en profitent, mais dans l'intérêt de la société ; c'est la renonciation, par des raisons d'ordre général, à la répression d'infractions dont l'existence est au moins un problème, et dont les auteurs ne pourraient être recherchés sans péril pour l'innocence, et, partant, sans trouble pour la sécurité sociale ; la prescription ne suppose pas l'impossibilité de la culpabilité, mais l'impossibilité d'une vérification véritablement sûre.

Si le temps, à certaines conditions, produit quelques-uns des effets de l'amnistie, il ne les produit pas tous.

(1) Le Sellyer, t. VI, p. 173, n° 2310 ; Rodière, *Eléments de Procédure*, p. 37 ; Faustin Hélie, *Instruction criminelle*, t. III, p. 675.

— Ainsi, il n'ébranle jamais la présomption de vérité attachée à la chose jugée ; il n'efface jamais une condamnation pénale. — Sur les condamnations, il n'a pas plus de puissance que la grâce ; il peut dispenser de l'exécution de la peine ; mais il n'anéantit pas le titre qui l'inflige ; il respecte la cause, en faisant cesser la conséquence.

La prescription de la peine résultant d'une condamnation devenue irrévocable, n'a pas pour base les extrêmes dangers de la preuve à faire, puisque la preuve est faite, et faite dans des conditions réputées offrir des garanties.

Quel est donc le fondement de la prescription de la peine ? L'expiation morale présumée ? Oui, disent l'exposé des motifs et le rapport au Corps législatif, et cette théorie est celle de M. Boitard et celle de M. Rodière (1). C'est là une des légitimes déductions du système qui fonde le droit de punir sur la justice morale, limitée par l'utilité sociale.

Je n'ai pas accepté ce fondement assigné à la pénalité ; je n'accepte pas ce fondement assigné à la prescription. La preuve rapportée de l'expiation morale subie a-t-elle jamais exonéré un agent de la sanction pénale encourue et prévenu une condamnation ? A-t-elle jamais dispensé de l'exécution de la peine prononcée,

(1) *Leçons d'Instruction criminelle*, n° 312. — *Procédure criminelle*, p. 534. — Voir aussi : Achille Morin, *Répertoire*, v° *Prescription*, n° 3, et M. Van-Hoorebeke, *Traité des Prescriptions en matière pénale*, p. 54.

sous le prétexte que le condamné avait subi cette peine, non pas en nature, mais par équivalent? Comment donc la *présomption* pourrait-elle avoir une efficacité, une force qui seraient déniées à la preuve ? Le fondement de la prescription n'est pas là ; l'intérêt individuel de l'agent qu'elle couvre est étranger aux considérations qui la légitiment. L'intérêt public, base de la prescription de la poursuite, voilà la base de la prescription de la pénalité.

Quelle est la source de la légitimité de l'application et de l'exécution de la sanction pénale ?

Le besoin d'assurer le respect de la loi, d'établir sa puissance : la violation du commandement social doit entraîner un châtiment social, ou le commandement cesserait d'être un commandement, et serait réduit au rôle de simple conseil.

L'oubli *présumé* de l'infraction *non jugée* dispense du jugement; l'oubli *présumé* de la condamnation prononcée doit dispenser de son exécution. — Pourquoi? Parce que l'intérêt de la loi n'impose plus la conséquence, lorsque la cause, l'infraction, pour la prescription de l'action publique, la condamnation, pour la prescription de la pénalité, n'a plus de vie, ne retentit plus dans la conscience publique.—Evoquer le souvenir soit de l'infraction, soit de la condamnation, ce serait presque renouveler le mal social, sous le prétexte d'appliquer le remède.

Vous comprenez que la durée des deux prescriptions doit varier avec la gravité des infractions : la contravention s'oublie plus vite que le délit, et le délit plus vite que le crime.

Ce qui est vrai du fait *à prouver*, est vrai encore du fait *prouvé* par la condamnation. Mais le fait *prouvé* laisse un plus long souvenir que le fait qui n'a pas été officiellement constaté. Donc, la prescription de la peine sera subordonnée à une durée plus longue que la prescription de l'action publique.

J'insiste sur cette question de principe, parce que sa solution entraîne des conséquences pratiques, et qu'en cette matière encore, nous allons avoir plus d'une preuve que les théories sur les bases du droit de punir ont beaucoup d'importance.

Pour l'une comme pour l'autre prescription, il faudra s'attacher à la nature de l'infraction et non à la nature de la pénalité encourue ou appliquée. — Qu'importe, en effet, si la prescription a les bases que nous lui assignons, les qualités des agents qui atténuent la responsabilité, amoindrissent l'imputabilité? Qu'importe que l'admission d'excuses ou de circonstances atténuantes écarte une certaine nature de peines pour y substituer des peines d'une autre nature ? Oh ! sans doute, si la prescription était une faveur personnelle à l'agent, au condamné, si, surtout, elle était fondée sur la présomption d'une expiation par équivalent, elle devrait nécessairement varier, non seulement avec le caractère de la peine, mais encore avec sa durée, avec sa quotité. Le condamné, pour *crime*, à une *peine correctionnelle,* ne devrait pas subir une expiation morale égale à celle qui servirait d'équivalent à une peine afflictive et infamante ; le condamné à une peine afflictive et infamante *temporaire* ne devrait pas subir une expiation morale égale à celle qui servirait d'équivalent à l'exécution d'une peine afflictive et infamante *perpétuelle*.

Étrangère à la position individuelle des agents ou des condamnés, la prescription de l'action publique et la prescription de la peine, n'auront chacune que trois mesures diverses, parce qu'il n'y a que trois espèces d'infractions. Seulement, pour chacune des trois espèces d'infractions, la prescription de la condamnation sera d'une durée plus longue que la prescription de la poursuite.

J'ai interrogé la philosophie du droit : j'interroge maintenant son histoire :

En droit romain, d'après la règle générale et sauf des exceptions qui établissent des prescriptions plus courtes, le délai pour la poursuite des crimes était de 20 ans. Aucune prescription n'était admise pour la poursuite du parricide (1).

Les lois romaines étaient muettes sur la prescription de la peine ; faut-il en conclure que la peine était imprescriptible ? Non, la condamnation, une fois prononcée, engendrait une action *ex judicato* soumise à la prescription trentenaire.

La prescription de la poursuite et la prescription de

(1) L. 3. ff. *De requirendis vel absentibus damnandis.* — L. 12. C. *Ad legem Corneliam, de falsis.* — L. 10, *De lege Pompeia, de parricidiis.*

la peine furent-elles connues et admises dans les deux premières périodes de l'histoire du droit pénal français? La prescription des crimes est mentionnée dans les Capitulaires (1), mais elle se conciliait peu avec un système de repression qui ne reposait pas sur un intérêt général. La loi des Wisigoths la consacrait expressément, et vous savez que cette loi était bien supérieure aux autres lois barbares.

La période féodale ne présente rien de constant et de fixe sur cette matière. Des prescriptions d'une mesure diverse, même la prescription annale, furent considérées comme cause d'extinction de l'action pour crime.

La charte d'Aigues-Mortes, renouvelée par Saint Louis, en mai 1242, n'accordait que dix années pour la poursuite criminelle.

Les principes du droit romain devaient, sur ce point, comme sur tant d'autres, finir par prévaloir. Les légistes, et bientôt les arrêts, développèrent et consacrèrent la règle que l'action pour crime s'éteignait par le laps de vingt ans. Cette prescription était envisagée avec une faveur telle que les actes d'information et de poursuite, si ces actes n'avaient pas été continués sans interruption, ne la paralysaient pas (2).

L'assassinat, le parricide, l'incendie, les plus grands crimes étaient prescriptibles. Des exceptions, toutefois, étaient admises: par exemple, pour les crimes de lèse-

(1) *Capitulaires*, l. VII, C. 248 et l. V, C. 389.

(2) Bornier, I, p. 580.

majesté divine et humaine, pour le duel, quand il y avait eu plainte ou poursuite.

Quelques crimes étaient soumis à une prescription plus courte que celle de vingt ans.

La prescription courait en général du jour du crime, et non du jour de sa découverte ou de sa constatation.

Cette prescription avait-elle besoin d'être opposée par l'accusé? Pouvait-elle, au contraire, devait-elle même être suppléée d'office par le juge (1)? Eteignait-elle, en même temps que l'action pénale, l'action civile? Ces deux points étaient débattus; mais la doctrine sur les principes fondamentaux était bien établie.

L'ordonnance de 1670, sur l'article 16 de laquelle Bornier donne quelques-uns de ces détails, était muette sur la prescription de la peine résultant de la condamnation, même de la condamnation par contumace, si cette condamnation avait été exécutée par effigie (2).

Le Code pénal du 25 septembre 1791 introduisit une prescription spéciale contre la peine :

« Art. 3. Aucun jugement de condamnation rendu « par un tribunal criminel ne pourra être mis à exé-« cution, quant à la peine, après un laps de vingt « années révolues, à compter du jour où ledit juge-« ment aura été rendu (3). »

(1) Voir, dans un sens, Farinacius, *quæst.*, 10, n° 35; et, dans un autre sens, Carpzovius, *quæst.* 141, n°s 30, 31.

(2) Arrêt du 26 avril 1628.—Plaidoyer d'Omer-Talon, 1632.

(3) Titre VI, art. 3.

Quant à la prescription de la peine, il l'abrégea singulièrement :

« Art. 1er. Il ne pourra être intenté aucune action « criminelle pour raison d'un crime, après trois années « révolues, lorsque, dans cet intervalle, il n'aura été « fait aucune poursuite.

« Art. 2. Quand il aura été commencé des pour- « suites à raison d'un crime, nul ne pourra être pour- « suivi pour raison dudit crime, après six années « révolues, lorsque, dans cet intervalle, aucun jury « d'accusation n'aura déclaré qu'il y a lieu à accusation « contre lui, soit qu'il ait été ou non impliqué dans les « poursuites qui auront été faites. Le délai porté au « présent article et au précédent commenceront à « courir du jour où l'existence du crime aura été « connue ou légalement constatée (1). »

La dernière disposition de l'art. 2, contraire au principe de notre ancien droit, était bien peu en harmonie avec les motifs qui légitiment la prescription, à savoir, le temps qui affaiblit et finit par détruire l'intérêt de la société à la répression, et l'incertitude, les périls, pour ne pas dire l'impossibilité d'une vérification séparée par tant d'années du fait sur lequel elle doit porter.

Cette prescription qui ne s'appliquait qu'à la poursuite des crimes fut, dans le silence du décret des 19-22 juillet 1791 sur la police municipale et correctionnelle, étendue aux délits.

(1) Titre VI, art. 1 et 2.

Le Code du 3 brumaire an IV, dans ses art. 9 et 10, adopta, pour la durée de la prescription, la solution du Code du 25 septembre 1791, et il l'appliqua aux crimes et aux délits ; il soumit l'action publique et l'action civile, naissant de l'infraction, à la même règle ; il subordonna le cours de la prescription à la double condition, que l'infraction fût connue et légalement constatée. C'était une aggravation.

Le Code pénal de l'Empire a consacré un système beaucoup plus rationnel.

La durée de la prescription et de la poursuite varie avec la nature de l'infraction ; elle est de dix ans pour les crimes, à partir de leur perpétration, s'il n'y a pas eu de poursuites, et, s'il y a eu poursuites, à partir du dernier acte ; elle est de trois ans pour les délits, et son point de départ est le même que pour les crimes ; elle est d'un an pour les contraventions, alors même que les poursuites ont été faites. (Art. 637, 638 et 640, C. inst. crim.)

L'acte de poursuite est interruptif, non pas seulement à l'égard de l'agent poursuivi, mais à l'égard de l'agent non poursuivi. (Art. 637, § 2, C. inst. crim.) Pourquoi ? Cela serait une inconséquence, si la prescription était fondée sur des considérations personnelles aux agents, sur leur intérêt ; comment, quand une procédure leur serait étrangère, pourrait-elle empirer leur condition et prolonger la durée de leurs angoisses ?

Ces objections ont été développées : « Comment, a « dit un savant criminaliste, l'instruction et les actes

« de poursuite sont dirigés contre Pierre et contre lui « seul ; nul autre n'y a été impliqué, et longtemps « après on pourra poursuivre Paul, en opposant à son « exception de prescription, qu'il y a eu interruption « de prescription par tel acte d'instruction fait à « l'égard d'un tiers ; cela paraît étrange et bar- « bare (1)! »

La disposition si vivement critiquée s'explique et se justifie parfaitement, si la prescription est fondée sur l'oubli social et la difficulté de la preuve. La poursuite, en effet, a ravivé le souvenir du crime ou du délit et elle a dû favoriser la conservation des moyens de découvrir la culpabilité.

Le point de départ de la prescription de la poursuite n'offre pas d'incertitudes lorsqu'il s'agit d'infractions qui se consomment instantanément, qui n'ont pas un caractère de permanence, comme un vol, un assassinat ; mais il est des infractions qui peuvent durer, se perpétuer, et que, pour cette raison, certains auteurs appellent des *infractions successives*, mais auxquelles convient mieux encore la qualification d'*infractions continues*. — La séquestration de personnes (art. 265, 441, 342, 343, C. P.), l'association de malfaiteurs, voilà des crimes *continus*. Dans les crimes *continus* la prescription ne peut évidemment commencer à courir que du jour où le fait constitutif a cessé. Autrement, ces crimes se perpétuant pendant dix ans conquerraient l'impunité. Mais un crime n'est pas

(1) Achille Morin, *Répertoire*, v° *Prescription*, n° 26.

continu par cela seul que l'agent bénéficie plus ou moins longtemps de sa conséquence. Ainsi la bigamie n'est pas un crime continu ; le crime ne dure pas tant que dure la cohabitation du bigame avec son nouveau conjoint ; la bigamie résulte du fait du second mariage, contracté pendant l'existence d'une première union. Le crime est perpétré du moment où l'officier de l'état civil a été trompé ou séduit, et a prononcé, au nom de la loi, l'union à laquelle un premier mariage devait faire obstacle. — Autre chose est l'adultère, autre chose la bigamie (1).

L'auteur d'un acte faux, qui est protégé par la prescription à raison de la fabrication, peut-il faire impunément usage de l'acte qu'il a fabriqué ? Non, parce que l'usage du faux constitue un crime distinct du crime de fabrication (Art. 148, C. P.), et que la prescription de l'un des crimes n'entraîne pas la prescrip- de l'autre.

Le recélé est un fait continu ; il dure tant que le recéleur cache et garde la chose qu'il sait volée ; mais faut-il conclure de ce caractère du recélé, comme le font de savants auteurs, M. Le Sellyer (2), et M. Faustin Hélie (3), que la prescription ne commence à courir, au profit du recéleur, que du jour où il s'est dessaisi du produit du vol ? Oui, sans doute, si le recel était puni

(1) Voir une dissertation de M. Ortolan sur les *Délits continus. Revue critique*, année 1854, p, 323.—Voir notamment p. 328.

(2) N° 2230.

(3) T. III, p. 705.

pour lui-même et comme constituant une infraction *sui generis*, une espèce spéciale de vol ; mais le recel, dans le système de notre loi, n'est qu'un fait constitutif de complicité, et le complice n'est pas puni pour son fait, mais pour le fait d'autrui, pour le fait principal qu'il a secondé ou favorisé. Or, quand ce fait principal est couvert par la prescription, et la prescription court du jour du vol qui est une infraction instantanée, comment le fait accessoire, qui n'est pas punissable en lui-même, ne serait-il pas abrité, comme le vol lui-même, contre toute action ? Sans doute, le complice peut être poursuivi en l'absence, et malgré le décès de l'agent principal ; pourquoi ? Parce que l'acte de cet agent conserve son caractère de fait punissable et que ce caractère est susceptible de vérification. Mais, dans notre hypothèse, la poursuite à raison du vol étant prescrite, il n'y a plus de fait punissable, et, par conséquent, il en est de la complicité de ce fait comme de la complicité en France, imputée à un Français, d'un crime commis à l'étranger par un étranger ; elle échappe à toute répression (1).

La fixation du point de départ de la prescription n'est pas non plus sans difficulté pour les infractions qui, sans être continues, sont complexes, c'est-à-dire dont l'existence est subordonnée au concours de plusieurs éléments qui s'enchaînent, qui se succèdent, sans que chacun de ces éléments, considérés isolément, constitue un fait punissable. Ainsi, une stipulation

(1) *Cours de Code pénal*, p. 483 et 484.

usuraire ne constitue pas un délit; mais la loi punit comme délit l'habitude de l'usure (1).

Eh bien! faut-il, pour que la poursuite à raison de l'habitude de l'usure ne soit pas écartée par la prescription, que toutes les différentes stipulations dont la réunion constitue le délit, remontent à moins de trois ans, ou suffit-il qu'une seule stipulation usuraire ait moins de trois ans de date pour qu'on puisse y rattacher toutes les stipulations antérieures, quelle que soit leur ancienneté? Si toutes les stipulations usuraires ne doivent pas nécessairement s'être produites dans la dernière période de trois ans, ne faut-il pas au moins que les stipulations antérieures ne soient pas séparées de la dernière par un espace de plus de trois ans? MM. Le Graverend, Le Sellyer et Faustin Hélie professent le premier système. La Cour de cassation a jugé, maintes fois, que le fait d'usure, en dehors de la dernière période de trois ans, pourrait être pris en considération pour constituer l'habitude. Chaque nouvelle stipulation usuraire vient faire obstacle à l'accomplissement de la prescription, puisqu'elle entre dans la composition du délit et s'y ajoute (2). Cette solution est très juridique; mais la Cour de cassation l'a étendue, et elle a jugé, le 21 octobre 1841, qu'une simple stipulation usuraire, dans la dernière période de trois ans, pouvait être réunie à

(1) Loi du 3 septembre 1807 et Loi du 19 décembre 1850.

(2) Le Graverend, tome Ier, p. 74; Le Sellyer, n° 2236; Faustin Hélie, tome III, p. 710.

des stipulations usuraires qui en étaient séparées par une interruption de plus de trois ans. Il ne faut point, a-t-elle dit, s'arrêter à la date des divers faits, des divers prêts, pour écarter celui ou ceux qui seraient séparés des faits postérieurs par une intervalle de plus de trois ans (1).

M. Le Graverend avait prévu cette théorie, qui ne « s'était pas encore nettement produite avant la publi- « cation de son Traité. Il avait objecté : « Que si cinq « ou six faits d'usure peuvent être considérés comme « en constituant l'habitude, un homme qui, à la fin de « sa carrière, aura fait un seul prêt déclaré usuraire, « pourra se voir condamné comme coupable d'habi- « tude d'usure, si, en recherchant dans tous les « actes de sa vie, on joint à ce prêt quatre ou cinq faits « isolés, oubliés de lui-même, et remontant à trente « ou quarante ans pour en former le délit d'habitude.»

M. Le Graverend exagère la théorie dont il avait cru trouver le germe dans quelques arrêts antérieurs de la Cour de cassation. L'arrêt du 21 octobre 1841 ne dit pas que le long intervalle qui pourra s'être écoulé entre les diverses stipulations usuraires ne pourra jamais être exclusif de l'habitude constitutive du délit. Il décide seulement que le seul intervalle de trois ans écoulé entre le dernier fait usuraire et le nouveau fait, n'écarte pas nécessairement l'idée d'un lien entre ce fait et les faits antérieurs, et ne doit pas être considéré comme un obstacle absolu à l'existence de cette

(1) 21 octobre 1841.—Dev. et Car. 1841, I. 984.

continuité d'actes illicites que la loi veut réprimer. La Cour de cassation n'a entendu appliquer que la théorie de M. Rauter, avec tous ses tempéraments (1).

Toutefois, j'hésiterais beaucoup à accepter cette théorie. La stipulation usuraire qui se rencontre dans la dernière période de trois ans ne constitue pas le délit d'habitude d'usure; elle n'est qu'un fait détaché : quant aux faits antérieurs, pris dans leur ensemble, mais isolés de la dernière stipulation, ils sont couverts par la prescription; mais s'ils sont, pris en eux-mêmes, à l'abri de toute poursuite, comment peuvent-ils tomber sous l'application de la pénalité à raison d'un fait qui, dans son isolement, n'est pas punissable? Pour que les divers faits usuraires puissent être rapprochés, ne faut-il pas qu'ils ne soient pas séparés par un intervalle de plus de trois ans? C'est, dit-on, appliquer la prescription non au délit, mais à chacun de ses éléments. Nullement : la prescription est si peu appliquée à chaque élément du délit complexe d'usure, qu'on tient compte, dans la composition du délit, d'éléments qui remontent à bien plus de trois ans; seulement, on ne tient compte de ces éléments qu'à la condition qu'il n'y ait pas eu absence absolue de stipulation usuraire pendant plus de trois ans, depuis qu'ils se sont produits (2).

(1) Rauter, II, n° 855.

(2) Van Hoorebeke, *Traité des prescriptions en matière pénale* p. 76, 77.

Sic: Achille Morin, *Répertoire*, v° *Prescription*, n° 23. Voir,

La loi du 19 décembre 1850, dans son art. 3, ne fournit-elle point un argument à l'appui de la solution de la Cour de cassation ?

« Après une première condamnation pour habitude « d'usure, le nouveau délit résultera d'un fait posté- « rieur, même unique, s'il s'est accompli dans les cinq « ans, à partir du jugement ou de l'arrêt de condam- « nation (art. 3). »

Le fait isolé qui en lui-même n'est pas un délit si on ne le rattache pas aux faits expiés, est puni comme un fait de récidive, par cela seul qu'il se produit dans les cinq ans de la condamnation ; mais si des faits qui ont déjà entraîné le châtiment auquel ils exposent l'agent sont recherchés pour former l'habitude d'usure, comment des faits qui n'ont servi de base à aucune condamnation échapperaient-ils à toute recherche, par cela seul que, pendant trois ans, ils n'ont pas provoqué de poursuites ?

Je réponds que l'article 3 de la loi du 19 décembre 1850 est une disposition exceptionnelle, anormale, qui ne peut être transportée d'une matière à une autre sous prétexte d'analogie ; l'analogie, d'ailleurs, n'existe pas. La prescription de trois ans est fondée, en matière de délits, sur la présomption des périls d'une vérification qui remonterait plus haut. La difficulté de renouer des faits séparés entre eux par plus de trois ans ne doit-elle pas, elle aussi, être pré-

dans le même sens, arrêt de rejet du 5 août 1826, *J. du Palais*, t. XX, p. 780.

sumée? Sans doute, quand le lien n'a pas été rompu et qu'aucune période de trois ans ne s'est écoulée sans stipulation usuraire, la poursuite atteint des éléments qui ont bien plus de trois ans de date. Pourquoi? Parce que des faits nouveaux sont toujours venus raviver, avant le délai de la prescription, le souvenir des faits précédents. Mais la présomption d'oubli et d'impossibilité de vérification subsiste tout entière quand le délai de la prescription s'est accompli sans faits d'usure ; et comment alors relier au présent un passé dont il n'y a plus de traces certaines? Quand les faits usuraires ont, au contraire, été condamnés, il n'y a pas d'incertitude sur la culpabilité ancienne, et la loi répute que le condamné aurait dû, au moins, se souvenir de la condamnation pendant cinq ans.

Quoi qu'il en soit, la prescription court-elle pour le délit d'habitude d'usure du jour de la dernière stipulation, ou du jour de la dernière perception usuraire? Du jour de la dernière perception, a répondu la Cour de cassation (1).

C'est aussi la solution de M. Mangin (2).

N'est-ce point confondre l'élément générateur du délit et le profit tiré de cet élément? L'acte illicite est dans la stipulation ; le délit est dans l'ensemble des stipulations ; c'est l'habitude de prêter à usure que la loi réprime. Le délit existe indépendamment de la percep-

(1) 25 février 1826. — Dev. Car. 1826, I. 138. — 29 janvier 1842, Dev. Car. 1842, I 287.

(2) N° 327.

tion des intérêts extra-légaux, et l'abandon de ces intérêts, avant toute poursuite, n'effacerait pas l'infraction.

Vous savez que la durée de la prescription de la condamnation doit être plus longue que la durée de la prescription de la poursuite : la preuve faite laisse plus de trace et de souvenir que le soupçon. Le Code de l'Empire a tenu compte de cette idée.

En matière criminelle, la prescription des condamnations pénales est de vingt ans.

En matière correctionnelle, la prescription des condamnations pénales est de cinq ans.

La prescription des condamnations pénales pour contraventions est de deux ans.

Le point de départ de la prescription de la peine, pour les crimes, est le jour de la prononciation de la condamnation, que cette condamnation soit contradictoire ou par contumace ; la condamnation par contumace est résoluble, sans doute, mais elle est définitive en ce sens qu'elle est susceptible d'exécution, au moins par effigie.— La peine est exécutoire ; donc la prescription de la peine doit courir, et il n'y a plus de place pour la prescription d'une poursuite jugée.

L'éventualité du pourvoi en cassation, contre les condamnations contradictoires, n'empêche pas le cours de la prescription de la peine.

Le pourvoi formé par le ministère public contre un arrêt d'absolution, interromprait la prescription de l'action publique, mais ne la suspendrait pas ; ce ne serait qu'un acte de poursuite (art. 409, Cod. inst. crim.).

Le pourvoi formé par le condamné ou par le ministère public contre un arrêt de condamnation, écarterait la prescription de la peine qu'il remettrait en question ; l'action publique n'étant pas encore arrivée à son dénoûment resterait encore soumise à la prescription décennale ; cette prescription serait interrompue par le pourvoi ; mais ne serait-elle pas suspendue tant que le pourvoi ne serait pas jugé ?

Devrait-on distinguer pour accorder ou refuser l'effet suspensif entre le pourvoi du condamné et le pourvoi du ministère public ? Je crois que le pourvoi, même celui du condamné, n'est pas suspensif de la prescription de l'action. Si l'action périclite, que son représentant presse la décision.

L'application de la prescription de l'action n'est pas subordonnée, comme le professe M. Rauter (1), à la réussite du recours.—Si le pourvoi restait plus de dix ans impoursuivi, la condamnation serait réputée non avenue, sans qu'il fût besoin de faire statuer sur le mérite du recours, parce que l'exercice de ce recours exclut non pas éventuellement, mais purement et simplement la prescription de l'action.

Le point de départ de la prescription des peines en matière correctionnelle ou de simple police est le jour de la condamnation contradictoire, si elle a été prononcée ou confirmée par la juridiction d'appel. La loi

(1)

ne tient pas de compte de l'éventualité du pourvoi en Cassation ; mais le pourvoi, qu'il fût formé par le ministère public ou par le prévenu, rendrait son empire à la prescription de la poursuite dont il serait une interruption.

Le point de départ de la prescription, pour les condamnations contradictoires, est l'expiration du délai d'appel, quand elles émanent de la juridiction de première instance.

Pour les matières correctionnelles et de police, la prescription de la peine ne court que du jour où les condamnations ne sont susceptibles ni d'opposition, ni d'appel. Aussi n'excluent-elles point la prescription de la poursuite dont elles sont seulement des actes interruptifs.

Un auteur (1) a pensé que les condamnations par défaut, quand elles n'étaient pas signifiées, excluaient la prescription de l'action publique et laissaient seulement place à la prescription de la peine ; il a assimilé ces condamnations aux condamnations par contumace; l'assimilation est inadmissible ; les condamnations par défaut, tant qu'elles sont rapportables par suite d'opposition ou d'appel, ne peuvent s'exécuter. La condamnation par contumace peut, elle, s'exécuter par

(1) M. Rodière, *Procédure criminelle*, p. 340.—Cour cassat., 31 août 1827 ; Dalloz, 1827—1—484. — Cassat., 30 avril 1830 ; Dalloz, 1830—1—258. — Cassat., 1er février 1833 ; Dalloz, 1833—1—161. — Mangin, nº 338. — Le Graverend, t. 2, p. 772 et 777. — Sourdat, nº 393.—Voir, toutefois, l'article 641, Code d'instruction criminelle.

effigie ; voilà pourquoi elle est exclusive de toute prescription autre que la prescription de la peine.

L'art. 640 du Code d'instruction criminelle semble, au premier aspect, assigner au jugement de police susceptible d'appel, un effet autre qu'un effet interruptif de la prescription de la poursuite. Des auteurs ont cru que ce jugement, tant qu'il n'était pas frappé d'appel, excluait la prescription de l'action et ne comportait que la prescription de la peine. C'est sous l'empire de cette idée que M. Le Sellyer soutient qu'une année écoulée depuis le jugement, sans que ce jugement fût signifié, ne serait pas une cause d'extinction de l'action publique. M. Mangin (1) combat cette opinion par des raisons d'inconvénients et notamment par l'impossibilité de supposer que le retard dans la signification, retard imputable au ministère public, puisse préjudicier à l'agent. La réponse à cette objection, c'est que l'appel peut précéder la signfication de la condamnation. Pourquoi l'art. 640 dit-il que la prescription d'un an court du jour de la notification de l'appel ? Pour expliquer que l'appel a une puissance interruptive que la loi refuse, en matière de simple police, aux actes d'instruction et de poursuite ; mais qu'il n'a aucun effet suspensif, qu'il est le point de départ d'une nouvelle prescription annale ; ce n'est, sous aucun rapport, pour reconnaître que le jugement, nonobstant l'éventualité du recours, écarte la prescrip-

(1) N° 361 et suiv.—Boitard, n° 324.—Le Sellyer, n° 2277. —Achille Morin, *Répertoire*, v° *Prescription*, n° 34.

tion de l'action et ne laisse place qu'à la prescription de la peine : « Dans le cas de condamnation par un jugement de police susceptible d'appel, a dit M. Achille « Morin, *la prescription de la peine se confond avec « la prescription de l'action* (1).» Non, la prescription n'a pas à repousser l'exécution d'une peine ; elle n'a qu'à éteindre une poursuite.

La voie de l'appel contre les jugements de simple police est fermée au ministère public (art. 182, C. inst. crim.) ; elle n'est ouverte qu'à la partie condamnée (2) ; le pourvoi est, au contraire, une voie de recours commune à la partie publique et au prévenu (177). — L'article 640 ne parle pas de l'effet du pourvoi. Le pourvoi formé par le ministère public, contre un jugement de police, est-il interruptif ? Est-il suspensif ? La jurisprudence de la Cour de cassation accorde au pourvoi un double effet, un effet interruptif et un effet suspensif (3). La jurisprudence belge n'attribue au pourvoi qu'un effet suspensif (4). Si le temps écoulé depuis la contravention, et le temps écoulé depuis l'arrêt de cassation qui renvoie devant une autre juridiction, forme plus d'une année, la prescription rend toute condamnation impossible. A mon sens, le pourvoi du

(1) *Sic* : Sourdat, *Traité de la Responsabilité*, t. 1er, p. 301, n° 396.

(2) Cassation, 10 février 1848, Devill. et Car., 48-1-576 et arrêts antérieurs.

(3) Cassation, 21 octobre 1830.—16 juin 1836.— Devill. et Car., 31-1-367, 36-1-869.—Mangin, n° 362.

(4) 11 mars 1836, *J. palais*, t. XXVII, p. 1158.

ministère public n'est qu'un acte de poursuite, et la loi n'attache, en matière de simple police, l'effet interruptif qu'à la condamnation et à l'appel du condamné. Quant à l'effet suspensif de la prescription, je le refuse au pourvoi contre les jugements de police, comme je l'ai refusé au pourvoi en matière criminelle et en matière correctionnelle.

La cassation même du jugement de police ne serait pas une cause d'interruption ; la condamnation ne pourrait être prononcée par le tribunal de renvoi que dans l'année de la contravention (1).

Le pourvoi formé contre le jugement de police par la partie condamnée est-il au moins interruptif ?

Le doute naît de ce que l'art. 640 ne parle que de l'appel et vous savez qu'il s'agit de l'appel de la partie condamnée ; mais peut-il dépendre du prévenu, au moyen d'un pourvoi contre une condamnation intervenue dans l'année, de faire défaillir la condition de temps à laquelle son efficacité est subordonnée ? Si le pourvoi du condamné laissait courir la prescription de l'action publique, sans l'interrompre, il pourrait se produire contre des jugements rendus, lorsque déjà l'année était près d'expirer, et, bien qu'il fût mal fondé, il y aurait danger sérieux de ne pas obtenir arrêt avant l'accomplissement de la prescription. — Ce que l'art. 640 dit de l'appel du condamné doit, par identité de raison, s'appliquer à son pourvoi ; mais ce pourvoi n'est pas suspensif de la prescription de l'action.

(1) *Sic*, Sourdat, nº 398.

La cassation de la condamnation ne serait pas une interruption ; la juridiction de renvoi devrait statuer dans l'année du pourvoi.

Ainsi la loi, pour écarter la prescription de la peine, tantôt se contente de l'éventualité d'une voie de recours contre la condamnation, tantôt exige l'exercice du recours.

Ces dispositions sont-elles bien en harmonie avec la disposition de l'art 23 du Code pénal qui, sauf les exceptions en cas de détention préventive dans les matières correctionnelles, ne fait courir les peines que du jour de l'irrévocabilité de la condamnation ? Comment peut-on imputer sur le délai requis pour la prescription un temps qui ne s'imputerait pas sur la durée de la peine temporaire, alors même que le condamné ne se serait pas dérobé à cette peine par la fuite ? Comment prescrire une peine avant qu'elle soit exécutoire ?

La prescription de la peine ne court pas quand cette peine s'exécute. Aussi le condamné à une peine afflictive et infamante d'une durée de vingt ans, s'il s'évade, la dix-neuvième année, commence à prescrire, non du jour de sa condamnation, mais du jour de son évasion. Il peut donc être repris non pas seulement pendant un an, mais pendant vingt ans. L'opinion contraire s'est toutefois produite (1); elle invoque la

(1) Vazeille, tome II, nos 456, 457,—Van Hoorebeke, professeur agréé à l'Université de Bruxelles, *Traité des prescriptions en matière pénale*, n° 267. — *Contrà*. Cassation, 20 juillet

lettre de l'article 635 du Code d'instruction criminelle, qui assigne, sans distinction, pour point de départ à la prescription des peines portées par les arrêts ou jugements rendus en matière criminelle, la date des arrêts ou jugements. La jurisprudence et la doctrine ont, à juste titre, repoussé cette opinion. La loi ne s'est attachée qu'à l'hypothèse la plus simple, celle dans laquelle le condamné n'aurait pas commencé à subir sa peine ; elle n'a pas prévu l'hypothèse d'une exécution partielle de la condamnation ; pour cette hypothèse, le point de départ de la prescription qui *libère* du châtiment ne peut courir que du jour où le châtiment a cessé de frapper l'agent. L'exécution de la peine et la prescription qui affranchit de cette exécution ne peuvent concourir et produire simultanément leurs effets. Sans doute, si la prescription de la peine était fondée sur une présomption d'expiation morale, la prescription devrait être abrégée, quand l'agent aurait subi une partie de l'expiation sociale ; un des auteurs que je combats n'a pas négligé cette déduction de son principe ; mais vous savez que la loi ne tient pas de compte de cette présomption et c'est bien pour cela que la prescription qui n'a plus à exempter que d'une portion de la peine non subie, est aussi longue que la prescription qui aurait à dispenser de toute la peine.

1827.—Le Graverend, tome II, page 776.—Boitard, nº 310.—Rauter, nº 856.—Rodière, page 541.—Voir aussi mon *Cours de Code pénal*, 12ᵉ leçon, p. 297-299.

Si la prescription courait, à partir de l'arrêt de condamnation, nonobstant l'exécution de la peine, le condamné à une peine perpétuelle qui s'évaderait au bout de vingt ans, serait à l'abri de toute recherche. Ne faudrait-il pas même, en bonne logique, aller plus loin? Ne devrait-on pas nécessairement décider que, vingt ans après la condamnation, il aurait, indépendamment de toute évasion, droit acquis à la liberté, qu'il serait libéré du châtiment? Dans ce système, les peines perpétuelles seraient rayées de nos codes.

CINQUIÈME LEÇON.

SOMMAIRE. — *Prescription* (Suite). — *Criterium* pour vérifier quelle est, soit en ce qui concerne l'action, soit en ce qui concerne la peine, la prescription applicable. — Est-ce la qualification de la poursuite qu'il faut consulter ? Est-ce la nature de la juridiction saisie ? Est-ce la nature de la peine prononcée ? Est-ce la qualification imprimée aux faits par la condamnation ? — Dissentiment avec M. Faustin Hélie, et avec la Cour de cassation, pour la condamnation prononcée contre un agent mineur de seize ans, au moment de l'infraction. — Dissentiment avec M. Faustin Hélie, dans le cas où l'admission des circonstances atténuantes substitue à la peine criminelle une peine correctionnelle. — *Quid*, dans l'hypothèse d'une condamnation par contumace, si ultérieurement une condamnation contradictoire reconnaît que le fait ne constitue qu'un simple délit, et que plus de cinq ans se soient écoulés entre les deux condamnations ? — Effets de la prescription. — Effets de la prescription de la poursuite. — Ne sont-ils pas les mêmes que les effets de l'amnistie ? — L'action civile devant la juridiction civile est-elle éteinte par la prescription de l'action publique ?—Rejet de la théorie accréditée : ses anomalies, ses contradictions. — Effets de la prescription de la peine. — La prescription efface-t-elle les peines accessoires ? — *Quid* de l'interdiction légale aujourd'hui attachée aux peines perpétuelles ? — Interprétation de l'art. 641 du Code d'instruction criminelle.—Art. 635, art. 642.

MESSIEURS,

Nous ne sommes pas au terme de nos études sur la prescription en matière criminelle ; deux très vastes questions restent à examiner.

1° La durée de la prescription, soit de la poursuite,

soit de la peine, ayant trois mesures diverses, à quel *criterium* faut-il s'attacher pour déterminer la mesure applicable ?

2° Quels sont les effets de la prescription ?

Chacune de ces deux questions se subdivise : nous devons nous occuper séparément de la prescription de l'action et de la prescription de la peine.—Je continue à mettre en regard, pour toutes les questions, les deux prescriptions ; c'est, à mon sens, le seul moyen de faire ressortir les affinités et les différences.

Quel est, en matière de prescription de la poursuite, le *criterium* pour savoir, si c'est la prescription de dix ans, de trois ans ou d'un an qui est applicable ?

Quel est, en matière de prescription de la peine, le *criterium* auquel il faut s'attacher pour savoir si c'est la prescription de vingt ans, de cinq ans ou de deux ans qui doit être appliquée ?

Pour la prescription de la poursuite, que faut-il consulter ?

Est-ce la qualification donnée au fait par le poursuivant ? Est-ce la nature de la juridiction saisie ? Est-ce la nature de la peine prononcée ? Est-ce la qualification imprimée aux faits par la condamnation ?

Il est bien évident, tout d'abord, que la qualification résultant de la poursuite ne saurait faire la règle. Le ministère public lorsqu'il poursuit, par exemple, un vol simple, ne peut, en supposant qu'il ait été accompagné de circonstances aggravantes, qui en feraient un crime, convertir la prescription de trois ans en une prescription de dix ans. Par la même raison, il faut dire que l'erreur du ministère public qui a déféré, en le supposant aggravé de circonstances aggravantes, à la Cour d'assises, un vol simple, n'a pu écarter la prescription de trois ans ; le verdict du jury qui exclut les circonstances aggravantes, exclut, par cela même, toute condamnation, si la poursuite du fait, envisagé avec le caractère du délit qui lui appartient, était prescrite (1).

La nature de la juridiction saisie devrait-elle être sans influence sur l'espèce de prescription à appliquer, si le fait, bien apprécié, eût dû lui être déféré? Ainsi, le mineur de seize ans, traduit devant la juridiction correctionnelle pour un crime n'emportant ni la peine de mort, ni la peine des travaux forcés à perpétuité, ni la peine de la déportation, ne pourrait-il opposer la prescription de trois ans ? Il serait bien étrange que la durée de la prescription pour le mineur variât suivant qu'il aurait ou non des complices au-dessus de seize ans. S'il avait des complices au-dessus de seize ans, il serait traduit devant la Cour d'assises. Pourquoi, dans un cas, la prescription serait-elle de dix ans, et, dans l'autre cas, seulement de trois ans ?

Mais la prescription ne devrait-elle pas, dans tous les cas, être pour le mineur une prescription de trois ans, en s'attachant, non à la nature de l'infraction, mais à la peine encourue? Cette peine ne pourrait être qu'une

(1) *Sic* Mangin, n° 297.—Rauter, n° 254.—Rodière, p. 40.—Le Sellyer, n° 2303. — Achille Morin, *Répertoire*, v° *Prescription*, n° 6. — Arrêts de cassation, des 2 février 1827, 17 janvier, 9 juillet 1829, 25 novembre 1830, 2 septembre 1831, 23 janvier 1840.—*Contrà* Le Graverend, t. 1er, n° 79.

peine correctionnelle. C'est le système que développe un savant criminaliste, M. Faustin Hélie (1), au moins en partie, car il parle aussi de la juridiction saisie comme élément de décision ; c'est aussi le système qu'un arrêt de la Cour de cassation, du 22 mai 1841, consacre (2). Je crois que ce système doit être rejeté.

La minorité ne change pas le caractère de l'infraction ; elle atténue le sort de l'agent sans diminuer la gravité intrinsèque du fait. Or, la prescription est fondée, non sur des considérations personnelles aux agents, mais sur des considérations déduites de la durée plus ou moins longue du besoin d'appliquer une sanction au commandement violé ; et le besoin dure plus ou moins longtemps, suivant le caractère de l'infraction. La prescription sera donc toujours de dix ans, puisqu'il s'agit de la poursuite d'un crime.

Si l'on s'attachait non pas à la nature de l'infraction, mais à la nature de la peine appliquée ou applicable, l'admission de circonstances atténuantes par le jury pourrait souvent entraîner l'absolution de l'accusé, quand le fait n'aurait pas été poursuivi dans les trois ans de sa perpétration. M. Faustin Hélie accepte cette conséquence que la logique impose (3). La Cour de cassation, au contraire, n'admet pas que les circonstances

(1) *Instruction criminelle*, t. III, pages 688, 693.

(2) Dalloz, 1841, 1-405—Même sens : Angers, 3 décembre 1849 ; Dev. et Car., 1850, 2-289.

(3) t. III, p. 691.

atténuantes puissent changer la durée de la prescription (1).

La nature de l'infraction poursuivie, voilà la base de la prescription applicable. Le texte des articles 637, 638 et 640 C. Inst. crim., commande, d'ailleurs, cette solution, puisqu'il fait varier la durée de la prescription, suivant qu'il s'agit d'un crime *de nature* à emporter une peine afflictive et infamante, ou d'un délit *de nature* à être puni correctionnellement ou d'une simple contravention.

La question doit-elle être résolue de la même manière pour la prescription de la pénalité?

Il est bien évident que la qualification de la poursuite et la nature de la juridiction saisie ne sauraient faire la règle. Tous les motifs développés sur la question précédente se reproduisent; mais ne semble-t-il pas que la nature de la peine appliquée doit seule déterminer la nature de la prescription qui affranchira de cette peine? Comment, pour affranchir de l'exécution d'une peine de simple police, faudrait-il une prescription de cinq ans? Comment, pour une peine correctionnelle, faudrait-il une prescription de vingt ans? Ce premier aperçu serait un aperçu trompeur. La prescription qui affranchit l'agent condamné de l'exécution de la peine, n'est pas plus que la prescription de la poursuite, fondée sur des considérations personnelles

(1) Arrêts des 17 janvier 1833; — 18 avril 1835 et 23 février 1839, cités par M. Achille Morin, *Répertoire*, v° *Prescription*, n° 6. — Voir aussi, Le Sellyer, n° 2302.

à cet agent. Elle est basée sur le besoin d'éprouver l'efficacité de la sanction sociale. Or, ce besoin varie, non pas avec la pénalité infligée, mais avec la nature du fait qui la fait encourir. Donc la peine correctionnelle, prononcée pour crime à raison de circonstances atténuantes ou à raison de la minorité de seize ans du condamné, ne sera prescriptible que par vingt ans (1). Les art. 635, 636 et 639 du Code d'instruction criminelle résolvent la question en ce sens, puisqu'ils établissent une prescription de vingt ans pour les condamnations *en matière criminelle*, une prescription de cinq ans pour les condamnations *en matière correctionnelle* et une prescription de deux ans pour les condamnations *en matière de simple police*.

Cette solution se concilierait difficilement avec le système qui fonde la prescription de la condamnation sur une présomption d'expiation par équivalent, par suite d'inquiétudes et de tourments intérieurs; la prescription devrait, en effet, dans ce système, se mesurer sur le plus ou le moins de sévérité du châtiment social.

L'application des principes que je viens de vous exposer peut présenter des difficultés.

Voici une espèce sur laquelle la jurisprudence a eu à se prononcer. Un agent a été condamné par contumace à une peine afflictive et infamante. Avant l'expiration

(1) M. Rodière, *Procédure criminelle* p. 537. — Cet auteur admet, cependant, que la prescription de la peine est basée sur des considérations personnelles à l'agent.

des vingt ans, qui l'abriteraient contre l'exécution de cette peine, il est arrêté où se constitue prisonnier; il subit un débat contradictoire, et le jury reconnaît que le fait qui avait servi de base à la condamnation n'a pas les caractères d'un crime; qu'il n'a que les caractères d'un délit passible d'une peine correctionnelle. L'accusé peut-il soutenir que cette peine correctionnelle est prescrite, si plus de cinq ans s'étaient écoulés, depuis la condamnation par contumace, jusqu'à sa comparution volontaire ou jusqu'à son arrestation?

Dans le sens de la négative, il semble qu'on doit opposer à l'accusé ce dilemme : « Ou acceptez la première condamnation pour ce qu'elle est, et alors « le temps requis pour la prescription des peines afflictives et infamantes n'est pas accompli; ou bien attachez-vous à la seconde condamnation, et alors subissez la peine correctionnelle, car vous ne pouvez « l'avoir prescrite avant qu'elle ait été prononcée. »

La Cour de cassation ne s'est pas arrêtée à cette objection. Elle a jugé que la qualification imprimée définitivement au fait, par l'appréciation souveraine du jury, remontait jusqu'à la condamnation par contumace, et qu'à partir de cette condamnation, elle réglait tous les effets de la prescription, eu égard non pas à la peine infligée par l'arrêt de contumace, mais eu égard à celle qui, d'après le résultat du verdict des jurés, était seule applicable (1).

(1) Voir Cassation, 9 février 1854; Devill. et Car., 54-1-277. — *Sic* : Van Hoorebeke, p. 209.

L'accusé ne pourrait-il pas même prétendre qu'il a prescrit, non pas la peine, mais la poursuite, si trois ans s'étaient écoulés sans acte interruptif, depuis la condamnation par contumace? Non; la condamnation par contumace, à la différence de la condamnation par défaut, n'est pas un simple acte interruptif de la prescription de l'action; elle substitue à cette dernière prescription la prescription de la peine, et la substitution est irrévocable; elle n'est pas subordonnée à la condition que la condamnation par contumace ne soit pas remplacée par une décision contradictoire (1).

Quels sont les effets de la prescription ?

1° Quels sont les effets de la prescription de l'action?

2° Quels sont les effets de la prescription de la peine ?

1° La prescription de l'action a les mêmes effets que l'amnistie; elle empêche la vérification non-seulement du lien qui unit l'agent à l'infraction, mais du fait même de l'infraction. La prescription qui éteint l'action publique, éteint-elle en même temps l'action civile ?

Les contrats, les quasi-contrats donnent naissance à une action privée dont la durée en général est de trente ans. L'action qui naît d'une infraction est-elle soumise à une prescription plus courte, à une pres-

(1) Cassation, 1er février 1839, 23 janvier 1840; Devill. et Car., 39-1-719, 40-1-704. — Voir aussi Mangin, *De l'Action publique*, t. II, n° 340.

cription variant suivant la classe à laquelle elle appartient, c'est-à-dire suivant qu'elle constitue ou un crime, ou un délit, ou une contravention? Les infractions blessent toujours l'intérêt social que protége l'action publique; elles blessent le plus souvent des intérêts privés auxquels l'action civile assure une réparation.

L'action publique pour les crimes n'est mise en mouvement que par le ministère public; pour les délits et contraventions, l'action publique peut être mise en mouvement non-seulement par le ministère public, mais encore par les parties lésées.

L'action civile peut être poursuivie en même temps et devant les mêmes juges que l'action publique; elle peut être poursuivie séparément et elle est alors déférée aux juridictions civiles ; dans ce cas, l'exercice de l'action civile est suspendu tant qu'il n'a pas été prononcé définitivement sur l'action publique.

Un point hors de doute, c'est que l'action civile ne peut être déférée aux juridictions répressives qu'accessoirement à l'action publique, et que, par conséquent, la prescription de l'action publique prive au moins l'action civile de l'une des deux juridictions qui ont compétence pour l'apprécier.

Mais la prescription de l'action publique entraîne-t-elle, pour la partie lésée, l'impossibilité d'obtenir devant la juridiction civile réparation du préjudice qui lui a été causé? L'affirmative prévaut dans la doctrine et dans la jurisprudence; MM. Merlin (1), Le Graverend (2), Man-

(1) *Répertoire*, v° *Prescription.* (2) Tome Ier, p. 79.

gin (1), Boitard (2), Rauter (3), Le Sellyer (4), Rodière (5), Faustin Hélie (6), Cousturier, Van Hoorebeke (7), Achille Morin (8), Sourdat (9), la développent, et la Cour de cassation l'a adoptée dans un arrêt du 5 août 1841. La mort de l'agent éteint l'action publique; elle n'éteint pas l'action civile contre les représentants de l'auteur de l'infraction : l'amnistie éteint aussi l'action publique sans éteindre au moins de plein droit l'action civile. L'action civile peut donc survivre à l'action publique. Pourquoi la prescription de l'action publique aurait-elle sur l'action civile plus d'influence que n'en ont et la mort de l'agent et l'amnistie? Serait-ce parce que la présomption d'incertitude et de périls dans la vérification, après un certain laps de temps, serait indivisible? Mais c'est sur le fondement d'une présomption de ce genre qu'est fondée l'amnistie, et cependant on n'applique pas cette présomption à l'encontre des intérêts privés. Dirait-on que la prescription, abritant l'agent contre la condamnation pénale, doit l'abriter contre la flétrissure d'opinion que la poursuite à fin civile pourrait lui imprimer? Je réponds que l'amnistie,

(1) N° 363.
(2) 19e leçon d'instruction criminelle, nos 319 et 320.
(3) N° 853.
(4) N° 2310.
(5) P. 36.
(6) Tome III, § 203.
(7) Page 214.
(8) Vo *Prescription*, n° 5.
(9) N° 375-380.

qui abrite contre la condamnation pénale, n'abrite pas contre les atteintes auxquelles le procès civil expose la considération personnelle de l'agent : il n'y a pas de raison pour lier plutôt le sort de l'action civile au sort de l'action publique dans le cas de la prescription que dans le cas d'amnistie : la différence de solution ne saurait être admise qu'autant que la loi, dans quelques dispositions précises, aurait exprimé sur ce point une volonté formelle, et cette volonté serait une volonté tout-à-fait arbitraire.

Je ne crois pas, en effet, que le motif assigné par l'auteur d'un savant livre sur le droit criminel, M. Le Sellyer, soit de nature à satisfaire même les partisans du système qui fonde la prescription de la poursuite sur une présomption d'expiation, sur l'acquittement de la dette du coupable envers la justice morale. « Si « l'on n'admet pas que l'action civile soit prescrite « devant les tribunaux civils, en même temps qu'elle « l'est devant les tribunaux criminels, il s'en suivra « qu'après l'expiration des délais fixés par les arti- « cles 637, 638 et 640, le coupable se trouvera en- « core, contrairement à la volonté de la loi, exposé par « suite du procès civil, à subir la peine morale, résul- « tant du déshonneur que produira pour sa personne « la condamnation civile. Cette peine morale s'ajou- « tera, chez lui, à la peine, morale aussi, des inquié- « tudes et des angoisses qu'il a éprouvées, jusqu'à ce « que la prescription de l'action criminelle fût accom- « plie, parce que le législateur l'a jugée suffisante pour « l'expiation de son crime. Sur ce rapport, le but

« que s'est proposé le législateur, en établissant des « délais particuliers de prescription pour les contra- « ventions, les délits et les crimes, sera manqué(1). »

En supposant que la peine infligée ne fût légitime qu'à titre d'acquit d'une dette envers la justice morale, et que les inquiétudes et les angoisses de l'agent pussent être acceptées par équivalent comme expiation suffisante, comment les inquiétudes et les angoisses pourraient-elles être considérées comme moyen de libération d'une dette civile? Comment les inquiétudes et les angoisses de l'agent pourraient-elles être offertes en payement à la partie lésée pour laquelle elles ne sont d'aucun profit? Comment tiendraient-elles la place d'une réparation pécuniaire?

Que disent les textes?

« Art. 637. L'action publique et l'action civile ré- « sultant d'un crime de nature à entraîner la peine de « mort ou des peines afflictives perpétuelles, ou de « tout autre crime emportant peine afflictive ou infa- « mante, se prescriront après dix années révolues... »

« Art. 638. Dans les deux cas exprimés en l'article « précédent, et suivant les distinctions d'époque qui y « sont établies, la durée de la prescription sera réduite « à trois années révolues, s'il s'agit d'un délit de na- « ture à être puni correctionnellement. »

« Art. 640. L'action publique et l'action civile, « pour une contravention de police, seront prescrites, « après une année révolue, à compter du jour où

(1) Le Sellyer VI, n° 2310, p. 173.

« elle aura été commise, même lorsqu'il y aura « eu procès-verbal, saisie, instruction ou pour-« suite... »

L'action civile et l'action publique sont mises, dit-on, sur la même ligne; mais M. Mangin et M. Le Sellyer sont forcés de reconnaître que, dans tous les cas, l'action civile n'est pas soumise à la même prescription que l'action publique, puisque celle-ci peut être prescrite sans que celle-là le soit nécessairement. Il ne s'agit donc, dans leur système, que de deux prescriptions distinctes qui ont seulement la même durée; mais alors que deviennent et la prétendue indivisibilité des effets de la prescription et les motifs sur lesquels on l'appuie? Une condamnation civile peut donc atteindre dans son honneur un agent protégé par la prescription contre la pénalité.

Un fait dont la justice répressive est présumée impuissante à vérifier le caractère criminel peut donc être, de la part de la justice civile, l'objet d'une vérification, pour savoir s'il doit être considéré comme une cause de dommages-intérêts ou de restitution. M. Mangin reconnaît même que l'action civile, une fois déférée à la juridiction civile, avant la prescription de l'action publique, est sauvegardée par le principe : *Actiones simul inclusæ judicio salvæ permanent*. Par exemple, l'instance introduite devant les tribunaux civils pour réclamer réparation du préjudice résultant d'une contravention, ne sera pas non-avenue, parce qu'elle n'aura pas été jugée dans l'année de l'infraction. Elle ne sera exposée qu'à la péremption de trois ans de l'art. 397 Cod. procéd. (1). Mais, encore une fois, que deviennent et la prétendue indivisibilité des effets de la prescription et les motifs sur lesquels on l'appuie?

Si la prescription de l'action publique et la prescription de l'action civile ont la même durée, sont-elles soumises aux mêmes règles, aux mêmes conditions? La prescription de l'action publique est une prescription d'intérêt social; elle doit être suppléée d'office; l'agent ne peut pas y renoncer. Quand l'action civile n'est pas déférée aux juridictions répressives accessoirement à l'action publique, qu'elle est suivie devant les juridictions civiles, ces principes sont-ils encore applicables, contrairement aux art. 2223 et 2224 C. Nap., et s'ils sont inapplicables, comment parler d'une prescription unique (2)?

On puise aussi un argument dans l'art. 2 du Code d'instruction criminelle, qui semble avoir voulu mettre en opposition la prescription et le décès du prévenu, puisqu'après avoir déclaré que le décès de l'agent éteint l'action pour l'application de la peine *sans éteindre l'action civile*, il ajoute que l'une et l'autre action s'éteignent par la prescription. Mais l'art. 2 ne tranche pas la question, puisqu'il se réfère au titre *de la prescription* en disant : *ainsi qu'il est réglé au livre II, titre VII, chap.* v *de la prescription*.

(1) *Sic* Sourdat, n° 402. — *Secùs* Van Hoorebeke, p. 242.

(2) MM. Le Sellyer, n° 2211. — Sourdat, n°s 403 et 408, appliquent les art. 2223 et 2224, lorsque l'action est soumise aux juridictions civiles.

Lorsque le législateur, objecte-t-on encore, a voulu faire survivre l'action civile à l'action publique, il s'en est expliqué nettement, par exemple, dans l'art. 29 de la loi du 26 mai 1822 dont la disposition exceptionnelle a été abrogée par le décret du 22 mars 1848.

Enfin on fait remarquer que la question était ainsi résolue par les art. 9 et 10 du Code du 3 brumaire an IV. Le Code d'instruction criminelle n'a pas répudié cette solution.

Cette opinion très accréditée que je combats doit, pour être logique, admettre que lorsque l'action publique est prescrite, l'action civile ne peut jamais survivre ; mais, pour qu'il en soit ainsi, il faut que tout acte qui interrompt la prescription de l'une des deux actions soit nécessairement un acte conservatoire de l'autre action. Des auteurs n'ont pas reculé devant cette conséquence (1) ; il est cependant difficile de l'accepter. En effet, si l'on conçoit que les actes d'instruction et de poursuite, faits en vue de l'action publique, conservent l'action civile, surtout si cette action est déférée comme accessoire aux juridictions répressives, on comprend très difficilement que des diligences faites par les parties lésées, en tant au moins qu'elles sont faites devant la juridiction civile, aient pour résultat de proroger la durée de l'action publique. Aussi MM. Mangin et Le Sellyer reconnaissent-ils que l'action

(1) Cousturier, n° 63. — Van Hoorebeke, p. 226 et suiv. — *Contrà* Mangin, n°s 351, 354, 363 et 364. — Le Sellyer, n°s 2245 et 2246.

civile peut être perpétuée par des actes de la partie publique, tandis qu'ils refusent à des actes faits dans l'intérêt de la partie civile, devant la juridiction civile, tout effet sur l'action publique.

Supposez que l'action publique ait été suivie séparément, et qu'il soit intervenu une condamnation : dans ce cas, appliquerait-on à l'action civile la prescription de dix ans, de trois ans, d'un an? On n'aura pas à craindre de démentir une présomption d'innocence. La criminalité du fait a été vérifiée et constatée dans le délai utile. A l'aide de quel prétexte abrégerait-on la prescription ordinaire? Plusieurs arrêts ont écarté, en ce cas, la prescription des art. 637, 638, 640 ; mais c'était reconnaître que, lorsqu'on n'avait plus à craindre d'ébranler la présomption sur laquelle repose la prescription de l'action publique, l'action civile restait soumise à la prescription de droit commun.

La Cour de cassation n'a pas admis ce tempérament, parce qu'il était de nature à ruiner le système qu'il modifiait. Elle n'a vu dans la condamnation qu'un acte interruptif de la prescription de l'action civile, acte interruptif servant de point de départ, suivant la nature du fait, soit à une prescription de dix ans, soit à une prescription de trois ans, soit à une prescription d'un an. Effectivement, si, d'une part, la prescription de l'action publique ne repose pas sur une présomption d'innocence, mais sur une présomption d'impossibilité de vérifier la culpabilité; et si, d'autre part, la condamnation à titre de réparation civile n'implique que l'existence d'un fait matériel, dommageable et contraire au droit, en laissant absolument en dehors de toute appréciation et même de tout préjugé juridique les questions d'intention auxquelles la criminalité est subordonnée, pourquoi ne pas laisser, dans tous les cas, l'action civile sous l'empire des règles de la prescription civile, quand elle ne réclame que la protection des tribunaux civils ?

Supposez maintenant que l'action publique ait été poursuivie séparément, et qu'elle ait été déclarée mal fondée.

De deux choses l'une : ou l'action civile ne pourra plus être intentée, bien que le délai pour la prescription de l'action publique ne soit pas accompli, et ce, parce qu'elle pourrait avoir pour résultat de démentir la décision de la justice répressive ; ou elle pourra s'intenter, après l'accomplissement de la prescription de l'action publique, puisque l'autorité de la prescription ne saurait avoir plus de puissance que l'autorité du jugement et que la présomption prétendue d'innocence n'a pas, sans doute, plus de droit au respect que la chose jugée, qui est la vérité sociale.

Or, qui pourrait soutenir, au point de vue rationnel, que l'action civile ne survit pas à une décision de la justice répressive déchargeant le prévenu de la poursuite ?

Je vous ai dit qu'en soumettant l'action publique et l'action civile à une prescription de même durée, alors même que les deux actions sont déférées à des juridictions différentes, on n'arriverait pas pour cela à l'unité de prescription, si on n'admettait pas que les diligences de la partie civile suffissent pour perpétuer l'action publique.

L'unité de prescription entraînerait bien d'autres conséquences encore : la minorité de la partie lésée, son interdiction ne seraient pas des causes suspensives de la prescription de l'action civile, alors même que cette action ne serait intentée que devant les tribunaux civils et après que la justice répressive aurait prononcé une condamnation. Mais pourquoi, dans cette hypothèse, écarter l'influence de la maxime : *Contrà non valentem agere non currit prescriptio?* Pourquoi, du moment où l'action civile survit à l'action publique, continuer à appliquer des règles qui ne puisent leur raison d'être que dans un intérêt désormais hors de débat? Pourquoi l'action civile qui, une fois exercée, sera protégée par la maxime : *Actiones semel inclusæ judicio salvæ permanent* ne serait-t-elle pas protégée, avant son exercice, par le principe que la prescription ne court pas contre les incapables? C'est là une contradiction dans laquelle tombe le système auquel je m'attaque.

Ce n'est pas la seule anomalie qu'offre ce système : ainsi il reconnaît, en général, que l'action qui résulte d'un contrat civil préexistant, contrat dont la violation constitue le délit, n'est pas soumise à une prescription de la même durée que la prescription de l'action publique ; ainsi, suivant lui, l'action résultant de la violation d'un dépôt, de l'abus d'un mandat, d'un détournement commis par des comptables, se prescrit par trente ans, bien que cette violation constitue le délit prévu par l'art. 408 du Code pénal, et que l'action publique soit prescriptible par trois ans. La partie lésée, dit-on, a deux actions : l'une qui naît du délit, l'autre qui naît du contrat ; la première peut être éteinte par la prescription, sans que la seconde soit, sous aucun rapport, modifiée ou compromise (1).

La même solution est encore appliquée aux actions nées de quasi-contrats ou d'obligations résultant de la seule autorité de la loi, aux termes de l'art. 1370 C. Nap. Ainsi, on reconnaît que l'action du propriétaire contre l'individu qui s'est frauduleusement emparé d'un trésor que recélait un immeuble n'est prescriptible que par trente ans ; que la prescription de trois ans qui éteint l'action née du vol, n'éteint pas l'action née de l'article 716 du Code Nap. (2).

Mais comment l'agent obligé civilement par un délit peut-il être de meilleure condition que l'agent obligé par un contrat ou par un quasi-contrat? Comment peut-il être admis à se faire une protection de l'existence de l'intention criminelle, sans laquelle il n'y a pas de délit? Est-ce qu'on ne peut pas lui dire que la prescription, qui éteint l'action naissant du délit, n'éteint pas l'action qui naît de l'art. 1382, C. Nap. « Tout « fait quelconque de l'homme qui cause à autrui un « dommage, oblige celui par la faute duquel il est « arrivé, à le réparer? » Pourquoi l'étranger qui incendie ma maison ne sera-t-il exposé à mon action que

(1) Cass., 7 décembre 1839. — Cass., 16 avril 1845. — Dev. et Car., 1840-1-454. — 1845-1-494. — Mangin, n° 367. — Rauter, n° 853. — Sourdat, n° 376.

(2) Angers, 15 juillet 1851. — Dev. et Car., 1851-2-491. — Sourdat, n° 377.

pendant dix ans, tandis que le locataire qui est, *par un contrat*, obligé de jouir en bon père de famille, sera responsable de l'incendie, même volontaire, pendant trente ans? Pourquoi l'action qui naît de l'art. 1382 serait-elle traitée avec moins de faveur que l'action qui naît, par exemple, de l'art. 716 C. Nap.? Est-ce que ces résultats sont avoués par la raison?

Ce n'est pas tout; un tiers a soustrait un de mes meubles; les partisans de la théorie dont j'essaie la réfutation, décident en général que mon action en restitution ne durera que trois ans, si le vol ne constitue qu'un simple délit. Mais est-ce que je ne puis pas dire, comme ils le disent dans le cas où le délit consiste dans la violation d'un contrat : « Il y a deux actions; l'une qui naît du vol, l'autre qui naît du droit de propriété dont je me prévaus. La première est peut-être éteinte par la prescription triennale; mais la seconde, qui est une véritable revendication, doit durer trente ans? » Aussi y a-t-il des diversités d'opinions sur cette question spéciale entre ceux qui professent que l'action civile, devant les juridictions civiles, est soumise à la même prescription que l'action publique (1). Mais justement les

(1) Mangin, n° 366. — Le Sellyer, nos 2311 et 2312. — Zachariæ, t. III, p. 193, note 2. — Sourdat, nos 379 et 380, pensent que l'action en restitution de la chose volée, même lorsqu'elle est exercée contre le voleur ou ses représentants à titre universel, ne dure que trois ans ou dix ans, suivant qu'il s'agit d'un vol simple ou d'un vol qualifié. L'art. 2279 se réfère non à la prescription du Code d'instruction criminelle, mais à la prescription *de trois ans*, établie par l'art. 9 du Code du 3

diversités de solution auxquelles on arrive avec la solution-mère, sont la meilleure condamnation d'un principe dont les déductions excitent tant d'hésitations et de tiraillements.

Pourquoi ne pas appliquer à l'action civile, en matière de prescription, les idées admises, quand il s'agit de l'amnistie ou de la mort de l'auteur de l'infraction? N'y a-t-il pas quelque chose de révoltant pour la raison et la conscience dans une théorie qui permet à l'infracteur de se couvrir de son infraction pour arriver à une prescription plus courte et à s'exonérer ainsi, par la seule vertu de la mauvaise intention qu'il invoque, de la responsabilité de ses actes.

Autre anomalie : Le fait de l'infraction peut être, d'après la théorie dont j'apprécie la solution, opposé au civil, à titre d'exception, après l'accomplissement de la prescription de l'action publique : « Supposons, « dit M. Faustin Hélie, que le fait d'un homicide soit « imputé au légataire d'une personne homicidée ; la « prescription de dix ans ne serait pas un obstacle à « cette prescription. Jousse fonde cette décision sur la « maxime *quæ sunt temporalia ad agendum sunt per-*

brumaire an IV, contre l'action publique et l'action civile naissant d'un *délit*, et le mot délit était employé dans le sens *d'infraction*. L'art. 2279, d'ailleurs, ne s'applique qu'à l'ayant-cause à titre singulier du voleur, au tiers-acquéreur de bonne foi. Suivant M. Duranton, tome XIII, n° 707. — M. Troplong, *De la Prescription*, n° 1049.—M. Marcadé, *De la Prescription*, n° 5, sur l'art. 2280, l'action en restitution contre le voleur dure trente ans.

« *petua ad excipiendum.* La véritable raison est qu'il « ne s'agit point ici de l'exercice de l'action civile... » Non, sans doute, il ne s'agit pas de l'action en réparation du dommage, dont le succès n'impliquerait pas nécessairement que l'homicide a été commis avec une intention coupable ; mais il s'agit d'une exception qui a une bien autre portée vraiment, et qui semble heurter bien plus profondément les considérations sur lesquelles repose la prescription de l'action publique. — L'héritier du sang prétend que la justice civile doit constater la criminalité d'un fait dont la justice répressive est présumée impuissante à vérifier le caractère.

J'admets volontiers, pour mon compte, la solution de l'éminent criminaliste ; mais, pourquoi ? Parce que, dans la théorie que je vous propose, la prescription de l'action publique n'éteint que l'action pénale, l'action dans l'intérêt social, et qu'elle ne réagit point sur les intérêts civils. Avec la doctrine contraire, que M. Faustin Hélie appuie de son autorité, la solution qu'il adopte est bien plus difficile à expliquer.

Je veux signaler encore une anomalie dans le système que je repousse : En matière civile, le principe est que la loi en vigueur au moment où la prescription commence, est la seule d'après laquelle on doit déterminer toutes les conditions nécessaires pour prescrire, et que, notamment, une loi nouvelle ne peut abréger le délai sur lequel comptait le titulaire du droit menacé. S'il en était autrement, une loi nouvelle pourrait tout-à-coup et inopinément réaliser par anticipation la menace dont l'accomplissement semblait éloigné, et enlever ainsi les moyens de conjurer le danger, sans que les représentants des intérêts ainsi surpris et sacrifiés fussent en faute.

Au contraire, en matière pénale, on admet aujourd'hui généralement que la loi, au moins quand elle abrège la prescription, et améliore ainsi la condition de l'agent, est rétroactive. Supposez que la prescription de la poursuite pour les crimes soit réduite de dix ans à cinq ans, que deviendra la partie lésée qui, au moment de la promulgation de la loi, avait déjà laissé passer six ans, parce qu'elle recherchait peut-être un dernier et surabondant élément de preuve? La réduction de la durée de la prescription, ce sera l'anéantissement du droit aux dommages-intérêts. Soumettez l'action civile, même devant la juridiction civile, aux règles de la prescription de l'action publique, vous frappez, vous détruisez un droit, sans l'avoir averti; le préjudice est consommé, sans que le péril ait été prévu, annoncé. Laissez, au contraire, l'action civile, devant les tribunaux civils, sous l'empire des règles de la prescription civile, tous les intérêts seront sauvegardés; l'intérêt privé ne sera pas immolé sans nécessité à l'intérêt social.

M. Le Sellyer a bien compris combien il serait injuste de priver la partie lésée du temps qui manquait à l'accomplissement de la prescription établie par la loi ancienne, et aussi a-t-il reculé devant les conséquences de la théorie qu'il professe. Suivant ce jurisconsulte, dans ce cas exceptionnel, l'action civile survit à l'action publique (1); la raison corrige ici les déductions de la logique. Ne vaudrait-il pas mieux, toutefois, se rallier à une doctrine contre laquelle ne protesterait aucune de ses applications?

Vous savez qu'on oppose à la solution que je vous propose un argument *à contrario*, puisé dans l'art. 29 de la loi du 26 mai 1822.

A mon sens, cet article ne dérogeait au droit commun qu'en ce qu'il abrégeait la durée de la prescription civile ordinaire; la dérogation ne résultait pas de ce qu'il laissait l'action civile survivre à l'action publique. Le décret du 22 mars 1848, bien loin de contrarier mon opinion, la confirme. En effet, s'il dit, dans son art. 2, que l'action civile s'éteindra de plein droit par le seul fait de l'extinction de l'action publique, c'est qu'il décide en même temps que l'action civile ne pourra, dans aucun cas, être poursuivie séparément de l'action publique.

L'ancien droit nous a légué cette question. La doctrine et la jurisprudence offrent aux deux systèmes des autorités et des monuments. Rousseau de Lacombe et Jousse soumettaient l'action civile à la même prescription que l'action répressive; Julius Clarus, Farinacius, Serpillon, ne soumettaient l'action civile qu'à la prescription trentenaire.

Si les parlements de Paris, de Toulouse et de Bordeaux, n'admettaient qu'une même prescription pour les deux actions, les parlements de Grenoble et de Dijon consacraient la doctrine contraire.

(1) N°s 2316 et 2409.

Dans le système d'une prescription unique pour les deux actions, on discutait sur beaucoup de distinctions, de limitations. Ainsi, dans ce système, l'action en restitution de la chose volée était-elle éteinte par la prescription de l'action publique? Le Parlement de Paris avait d'abord adopté la négative (1) qu'il abandonna bientôt pour l'affirmative (2). Le Parlement de Toulouse (3) resta fidèle à la négative, qui avait pour elle l'opinion de Jousse et de d'Argentré.

En cas de mort de l'accusé, avant l'accomplissement de la prescription de l'action publique, l'action civile, contre les héritiers, était soumise à toutes les conditions de la prescription civile, notamment à la condition d'une durée trentenaire (4).

Le Code du 3 brumaire an IV trancha toutes ces difficultés par des textes précis.

Le Code d'instruction criminelle est bien loin d'être aussi explicite; sa rédaction a fait et était de nature à faire renaître les controverses. Cependant la présomption n'est-elle pas que le Code d'instruction criminelle, c'est-à-dire la loi de procédure pénale, n'a entendu régir l'action civile qu'en tant qu'elle était déférée aux juridictions pénales, qu'en tant qu'elle était l'accessoire de l'action répressive?

Voilà bien des développements pour une question;

(1) Arrêt du 22 mars 1572.

(2) Arrêts des 27 janvier 1596, 22 janvier 1600 et 11 février 1604.

(3) Arrêts des 14 août 1691, 7 mai 1693 et 22 juillet 1709.

(4) Jousse, page 609.

mais n'est-elle pas assez difficile et assez importante pour les justifier? Boitard a consacré à son examen une leçon presque tout entière (1), que je vous invite à lire, parce qu'elle est un vrai modèle d'exposition et de discussion. On n'apprécie jamais mieux Boitard que lorsqu'on essaie de le réfuter.

Quels sont les effets de la prescription de la peine?

La prescription de la peine produit quelques-uns des effets qu'entraîne la grâce ; elle libère le condamné de l'exécution de la peine, de la peine pécuniaire comme de la peine corporelle (2).

Toutefois, la prescription n'est pas, sous le rapport de la réhabilitation, assimilée à l'exécution de la condamnation ou à la remise de cette exécution. Les condamnés, qui se sont dérobés assez longtemps à la peine pour la prescrire, ne sauraient être admis à se faire réhabiliter (3). Je vous ai déjà fait remarquer que c'était là une preuve que la prescription de la peine n'est pas fondée sur une présomption d'expiation par équivalent.

La prescription de la peine laisse subsister toutes les incapacités résultant soit de l'irrévocabilité, soit de l'exécution de la condamnation, la dégradation civique, le renvoi sous la surveillance de la haute-police, l'incapacité de transmettre et de recevoir par dona-

(1) 19e leçon sur le Code d'inst. crim.

(2) Cassat. 31 janvier 1834; Sir. 35-1-490.

(3) Cour de Paris, 5 avril 1853; Devil. et Car., 53-2-293. —M. Cauvet, *Revue de la Législation,* année 1849, t. Ier, p. 396.

tion entre-vifs ou par testament, attachée par l'art. 3 de la loi du 2 mai 1854 aux peines perpétuelles, et, enfin, la mort civile. (Art. 32 du Code Nap.)

L'interdiction légale n'étant, d'après l'art. 29 du Code pénal, attachée qu'à des peines temporaires et ne devant subsister que pendant leur durée, était toujours écartée pour l'avenir par la prescription de la peine principale. Mais, aujourd'hui, l'interdiction légale peut être perpétuelle, puisqu'elle est devenue l'accessoire de peines ayant le caractère de la perpétuité. Eh bien! quand la peine perpétuelle est prescrite par vingt années d'inexécution, l'interdiction légale survit-elle?

Ne semble-t-il pas qu'on doive dire : « Le con-« damné, en se dérobant à l'exécution de la peine « principale, ne s'est pas dérobé à l'interdiction légale « qui n'a cessé de paralyser sa liberté civile, et, par-« tant, il n'a pas acquis par prescription une liberté « qu'il n'a pas possédée? »

Toutefois, quel est le but de l'interdiction légale? C'est d'enlever au condamné les moyens soit de se soustraire à la peine, soit de la dénaturer en convertissant un lieu d'expiation en un lieu de plaisir. « Il ne « faut pas, comme il est trop souvent arrivé, disait « Treilhard, dans l'exposé de motifs, du 1er fé-« vrier 1810, que des profusions scandaleuses fas-« sent d'un séjour d'humiliation et de deuil un théâtre « de joie et de débauche. » Il avait déjà dit, dans la discussion au Conseil d'État (8 octobre 1808), qu'*il serait scandaleux de laisser un condamné étaler un luxe insolent, et très dangereux de lui donner le moyen de corrompre ses gardes.*

Si tel est le but de l'interdiction légale, il ne peut plus en être question, quand la peine principale, qu'elle soit ou ne soit pas perpétuelle, est prescrite; enfin, d'après l'art. 29 du Code pénal, auquel se réfèrent et la loi du 8 juin 1850 et la loi du 2 mai 1854, l'interdiction dépend de la durée de la peine à laquelle elle est attachée. — Donc l'interdiction, accessoire d'une peine perpétuelle, est éteinte en même temps que la peine principale, et cela, dans le cas même ou la prescription est la cause d'extinction (1).

La prescription de la peine diffère beaucoup de la prescription de la poursuite ; elle en diffère, comme la grâce diffère de l'amnistie.

Le bénéfice de la prescription ne peut pas plus être refusé que le bénéfice de la grâce. Instituée dans un intérêt social, elle n'a pas besoin de l'acquiescement des intérêts privés ; son application n'est subordonnée qu'à la volonté de la loi. De là l'art. 641 du Cod. inst. crim. :

« Art. 641.—En aucun cas, les *condamnés par dé-*
« *faut* ou par contumace, dont la peine est prescrite,
« ne pourront être admis à se présenter pour purger
« le *défaut* ou la contumace. »

(1) Voir, en ce sens, *Observations de M. Haus sur le projet de Code pénal belge.* — *Etude de législation pénale comparée,* p. 58.—Rapport de M. Demante à l'Assemblée nationale législative, *Revue critique,* 1853, p. 110.

La condamnation par contumace n'est soumise à une conditon résolutoire que pendant le délai dont l'expiration entraîne la prescription de la peine (476, du Code d'inst. crim.).

Comment la condamnation par contumace n'aurait-elle pas été proclamée irrévocable à une époque où une nouvelle épreuve n'aurait pu autoriser la société à faire exécuter contre l'agent une pénalité quelconque? L'irrévocabilité de la condamnation étant une conséquence de la prescription de la peine, si le condamné eût pu renoncer à la prescription, il eût pu réclamer un nouveau jugement. Quant à la condamnation par défaut, de deux choses l'une, ou elle est encore susceptible d'appel, et alors elle n'exclut point la prescription de l'action dont elle est seulement un acte interruptif, ou elle a acquis l'autorité de la chose jugée, et alors elle ne pourrait être purgée, alors même que la prescription de la peine ne serait pas accomplie. L'art. 641 ne devait donc parler que des condamnés par contumace.

L'Empereur peut imposer des conditions à la grâce : la loi peut imposer des conditions au condamné que la prescription affranchit de l'exécution de la peine.

« Le condamné, dit l'article 635 C. inst. crim., ne « pourra résider dans le département où demeure- « raient, soit celui sur lequel ou contre la propriété « duquel le *crime* aurait été commis, soit ses héritiers « directs.

« Le Gouvernement pourra assigner au condamné « le lieu de son domicile. »

Cette disposition spéciale à la prescription des peines

résultant de jugements ou arrêts *rendus en matière criminelle*, sera souvent inutile, puisque la surveillance de la haute-police suivra, à titre de peine accessoire, et pendant toute sa vie, le condamné à une peine afflictive et infamante, qui l'aura subie ou l'aura prescrite (art. 47 C. pén.) (1). Mais, d'une part, la déclaration de circonstances atténuantes pourra amener l'application de peines correctionnelles, et la disposition finale de l'article 635 aura de l'utilité; d'autre part, le renvoi sous la surveillance de la haute-police, n'a pas toujours investi le Gouvernement du droit d'assigner un domicile au condamné libéré. Sous l'empire de la loi du 28 avril 1832, le condamné conservait le droit de se choisir un domicile en dehors des lieux qui ne lui étaient pas interdits. Aujourd'hui, l'art. 3 du décret des 8-12 décembre 1851, donne au Gouvernement le droit d'imposer une résidence déterminée aux agents soumis à la surveillance de la haute-police.

L'art. 642 du Code d'instruction criminelle tranche expressément la question de savoir si les condamnations prononcées par les juridictions de répression, à titre de *réparations civiles*, se prescrivent par deux, cinq ou vingt ans, comme les condamnations pénales :

« Les *condamnations civiles* portées par les arrêts « ou par les jugements rendus en matière criminelle, « correctionnelle ou de police, et devenus irrévocables, « se prescriront d'après les règles établies par le Code « civil. »

(2) Cass., 31 janvier 1834.—Sir. 34-1-490.

Ai-je besoin de vous dire que cet article ne fournit pas un argument *à contrario* contre ma solution sur la prescription de l'action civile devant la juridiction civile ? Le Code d'instruction criminelle ne s'occupe et ne devait naturellement s'occuper que des conséquences, soit des actes faits devant les juridictions pénales, soit des décisions de ces juridictions. — L'art. 642 ne détermine que les effets des décisions, au civil, des tribunaux répressifs ; il n'empiète pas sur la loi civile.

SIXIÈME LEÇON.

SOMMAIRE. — Loi du 2 mai 1854, qui abolit la mort civile. — Conséquences. —Les peines perpétuelles n'emporteront-elles pas au moins la dégradation civique et l'interdiction légale, qui sont attachées aux peines afflictives temporaires?—Controverse législative sur cette question. — Rapport de M. Moulin.—Rapport de M. Demante.—Rapport de M. Riché.—Conclusion.—Art. 1 et 2 de la loi du 2 mai 1854.—Pourquoi la dégradation civique et l'interdiction légale sont-elles attachées à l'irrévocabilité de la condamnation quand elle est contradictoire?—Peines accessoires spéciales attachées aux peines perpétuelles.—Incapacité de transmettre ou de recevoir par donation entre-vifs ou par testament.— Nullité du testament antérieur à la condamnation.—Cette nullité est-elle la conséquence d'une incapacité ou d'une indignité?—Opinion de M. Demolombe, applicable sous la loi nouvelle.—L'incapacité de recevoir par donation ou par testament est-elle une conséquence de l'interdiction légale? — Opinion du rapporteur de la loi du 2 mai 1854.—Critique.— Opinion de M Rouher. —Les institutions contractuelles, postérieures à la condamnation, faites par le condamné, sont-elles comprises sous l'expression de donation entre-vifs? — *Quid* des institutions contractuelles antérieures? — Pour les condamnations par contumace, l'incapacité ne frappe le condamné qu'après l'expiration de cinq ans. — Conséquences. — Faculté pour le Gouvernement, de relever le condamné de l'incapacité de transmettre ou de recevoir par donation ou testament.—Quel est le caractère de cette faculté?—Le Gouvernement peut-il faire revivre l'incapacité dont il a fait remise pendant l'exécution de la peine principale? — Lorsque la peine principale a été commuée et que le condamné en est libéré, est-ce par la voie de la grâce ou par la voie de la réhabilitation que le condamné peut se faire décharger de l'incapacité de transmettre ou de recevoir?— Le Gouvernement peut-il revalider le testament fait par l'agent, plus tard condamné à une peine perpétuelle?—Y a-t-il des distinctions à faire?— Quel est le caractère de la faculté accordée au Gouvernement d'appeler le condamné à l'exercice, dans le lieu d'exécution de la peine, de l'ensemble ou de partie des droits civils? — La concession de ces droits est-elle précaire et révocable?— Quelle est la portée de la restitution de l'exercice des droits civils *dans le lieu d'exécution de la peine* ?—Précédents.--Art. 18 du Code pénal —Réforme du 28 avril 1832. —Art. 3 de la loi du 8 juin 1850.—Le condamné auquel le Gouvernement a rendu le droit de disposer à titre gratuit, peut-il donner ou léguer les biens dont il était propriétaire au moment de la condamnation, ou qui lui sont échus depuis à titre gratuit. —La main-levée de l'interdiction *dans le lieu d'exécution de la peine*, entraîne-t-elle l'affranchissement de l'incapacité de transmettre entre-vifs par donation ou par testament? — Le condamné relevé de l'incapacité de transmettre par donation ou testament, peut-il souscrire des obligations exécutoires sur ses biens de toute origine? — Pourquoi l'incapacité de transmettre ou de recevoir par donation entre-vifs ou par testament, survit-elle à la prescription ou à la grâce ? — Quel est l'effet de la remise pour l'avenir de la mort civile attachée à des condamnations antérieures à la loi nouvelle ?—Quel est notamment l'effet de cette remise sur le mariage?—*Quid* de l'époux du condamné ? — *Quid* de l'époux condamné? —Système du projet de loi proposé par M. Demante.—Les condamnés relevés de la mort civile sont soumis au régime de la loi du 2 mai 1854. — La déportation pour crimes commis antérieurement à la loi du 2 mai 1854, n'emportera ni l'incapacité de transmettre ou de recevoir par acte entre-vifs ou à cause de mort, ni la nullité du testament antérieur. — Les incapacités attachées aux peines perpétuelles sont-elles attachées à la peine de mort ? — Intérêt de la question.—Comparaison de la loi du 2 mai 1854 avec un projet proposé par un professeur de la Faculté de Caen.

MESSIEURS,

Une loi du 2 mai 1854 a aboli la mort civile. — L'exécution fictive ou réelle des peines perpétuelles ne doit plus entraîner comme peine accessoire cet état dans lequel, par une fiction cruelle, un homme plein de vie était tenu pour mort, et, par suite, était déshérité même de droits inhérents à sa qualité d'être sociable, appelé par la Providence à soutenir des rapports avec ses semblables ; déshérité de droits que la loi civile n'a pas créés, mais qu'elle est forcée de reconnaître, et qu'elle se borne à réglementer. A l'avenir, la mort naturelle seule brisera le mariage du condamné, et ouvrira sa succession. Ainsi, plus de divorce imposé, plus de confiscation au profit des parents, par suite de l'ouverture anticipée de l'hérédité d'un homme vivant ; plus de confiscation au profit de l'État, par suite de l'incapacité de transmettre les biens acquis depuis la condamnation. A l'avenir, la mort naturelle seule pourra rompre les liens de famille, et le condamné, malgré la perpétuité de la peine, conservera la capacité de succéder ; il pourra ainsi, plus tard, transmettre à ses héritiers des biens que, sans lui, ils ne recueilleraient point, s'ils n'avaient pas le droit de le représenter, et que, de leur chef et à son défaut, ils ne fussent pas successibles.

Est-ce à dire que les peines perpétuelles, à la différence des peines afflictives temporaires, ne devront priver les condamnés d'aucun des droits dont la société assure la jouissance et l'exercice ?

Aux termes de l'art. 28 du Code pénal, les peines des travaux forcés à temps, de la détention, de la réclusion et du bannissement emportent la dégradation civique.

Aux termes de l'art. 29, les peines des travaux forcés à temps, de la détention et de la réclusion entraînent, pendant leur durée, l'interdiction légale.

Déjà une peine perpétuelle, la peine de la déportation, d'après la loi des 8-16 juin 1850, art. 3, emportait la dégradation civique et l'interdiction légale : pourquoi les peines perpétuelles en général n'entraîneraient-elles pas la dégradation civique et l'interdiction légale ?

En ce qui concerne la dégradation civique, elle s'adapte parfaitement au caractère des peines perpétuelles, comme l'a dit M. Demante, dans son *Rapport sur l'abolition de la mort civile,* déposé, le 13 novembre 1851, à l'Assemblée nationale législative, *puisqu'elle-même, bien qu'elle n'ait longtemps accédé qu'à des peines temporaires, est perpétuelle de sa nature* (1).

L'interdiction légale n'avait pas eu, elle, jusqu'ici le caractère de la perpétuité; conséquence de peines temporaires, elle était temporaire elle-même. Mais y a-t-il dans sa nature quelque chose qui répugne au caractère de la perpétuité? « *L'interdiction,* a encore « très bien dit M. Demante, *est temporaire quand la « cause qui la rend nécessaire est elle-même tempo- « raire. Mais pourquoi ne serait-elle pas perpétuelle, « quand cette cause est perpétuelle?* N'est-ce pas même « ce qui arrive pour l'interdiction judiciaire, quand « on la prononce pour une maladie mentale incu- « rable? »

On a bien objecté, sans doute, que l'interdiction légale entravait la circulation des biens; qu'elle se justifiait, cependant, quand il ne s'agissait que de protéger une incapacité qui devait cesser; mais qu'on ne la comprenait plus quand on la liait à une incapacité qui devait durer autant que la vie du condamné. Cette objection, déjà très bien formulée, dans le rapport que

(1) M. Demante, *Rapport à l'Assemblée nationale législative. Revue critique,* 1853, p. 108.

M. Moulin fit, le 15 décembre 1849, à l'Assemblée nationale législative, au nom d'une des commissions d'initiative parlementaire, sur la proposition de M. Vallon, tendant à l'abolition de la mort civile (1), a été reproduite lors de la discussion de la loi, que j'étudie avec vous. « Il faudrait, disait M. Legrand, au Corps « législatif, dans la séance du 2 mai 1854, qu'il fût « nommé un tuteur à perpétuité ; que les biens du « condamné fussent mis en interdit ; que sa femme et « ses enfants fussent dans la nécessité de s'adresser « au tuteur, et, en cas de difficultés, à la justice, et « c'est pendant toute la durée d'une peine perpétuelle, « que ces inconvénients subsisteraient (2). »

M. Demante, dans son rapport, avait répondu : « Si, d'une part, on ne veut pas que la peine « perpétuelle ouvre immédiatement la succession ; et « si, d'autre part, l'ordre public ne permet pas de « laisser au condamné, demeuré propriétaire, la libre « disposition de ses biens, il n'y a d'autre moyen que « de le frapper d'incapacité ; en d'autres termes, de « l'interdire et de faire pourvoir à l'administration « des biens par un mandataire légal, chargé d'assurer « leur conservation, soit dans l'intérêt du condamné « lui-même, si, par impossible, il venait à recouvrer « sa capacité ; soit dans l'intérêt des parents qui, à sa « mort, deviendraient ses héritiers (3). »

(1) *Moniteur* du 20 décembre 1849, p. 4095.

(2) *Moniteur* du 4 mai 1854.

(3) *Rapport de M. Demante*, *Revue critique*, 1853, p. 110.

Dans son rapport au Corps législatif, M. Riché a développé cette réponse (1) :

« L'interdiction n'enlève pas absolument à la circulation les biens de l'interdit. Non, il y a simplement « une tutelle qui les administre, qui vend, si cela est « nécessaire, qui perçoit les revenus. Parce que le tu- « teur doit rendre compte un jour, soit à l'interdit, s'il « est rétabli dans l'intégrité de ses droits, soit à ses hé- « ritiers, le caractère de la tutelle n'est pas pour cela « d'être temporaire. Cette obligation imposée au tu- « teur, de rendre compte, est, d'ailleurs, une garantie « que le condamné ne recevra aucune partie de ses « biens.... L'interdiction n'a pas, par elle-même, de « caractère propre ; son caractère vient de la peine « dont elle est l'accessoire ; elle est temporaire à la « suite d'une peine temporaire, perpétuelle quand la « peine est perpétuelle. »

Je lis les art. 1er et 2 de la loi du 2 mai 1854 :

« Art. 1er. — *La mort civile est abolie.*

« Art. 2. — *Les condamnations à des peines afflic- « tives perpétuelles emportent la dégradation civique « et l'interdiction légale établie par les art.* 28, 29 « *et* 31 *du Code pénal.* »

La loi ne dit pas que la dégradation civique et l'interdiction légale ne sont attachées qu'à l'exécution de la peine perpétuelle. Pourquoi la mort civile était-elle subordonnée à l'exécution de la peine principale ? On en a donné deux raisons : 1° La foi dans la fiction de

(1) *Moniteur* du 4 mai 1854.

la mort civile ne pouvait être commandée que par la publicité du châtiment ; 2° la mort civile était la conséquence de la séquestration de la société, et il n'était pas rationnel que l'effet précédât la cause.

Ces raisons, qui n'étaient pas concluantes, peut-être même pour la mort civile, étaient évidemment sans valeur pour la dégradation civique et l'interdiction légale. Il ne s'agit plus de faire prévaloir une fiction sur la réalité, et de proclamer la rupture de tous rapports sociaux avec le condamné ; il n'est plus question que de certaines déchéances et de l'organisation d'une tutelle, et ces résultats juridiques sont suffisamment notifiés à la société par la publicité de la condamnation.

La dégradation civique et l'interdiction légale datent donc, pour les peines perpétuelles, comme pour les peines temporaires, du jour de l'irrévocabilité de la condamnation, si elle est contradictoire ; du jour de l'exécution par effigie, si elle est par contumace (1).

La dégradation civique et l'interdiction légale devaient-elles être les seules peines accessoires attachées aux peines afflictives perpétuelles ? L'art. 3 de la loi du 2 mai 1854 a résolu cette question dans le sens de la négative.

« Art. 3. — *Le condamné à une peine afflictive*
« *perpétuelle ne peut disposer de ses biens, en tout*

(1) Voir notre *Cours de Code pénal*, p. 275. — L'art. 2 de la loi du 2 mai 1854 confirme l'opinion par nous professée, que l'interdiction légale est attachée à l'exécution par effigie des condamnations par contumace.

« *ou partie, soit par donation entre-vifs, soit par tes-*
« *tament, ni recevoir à ce titre, si ce n'est pour cause*
« *d'aliments.*

« *Tout testament par lui fait antérieurement à sa*
« *condamnation contradictoire, devenue définitive,*
« *est nul.*

« *Le présent article n'est applicable au condamné*
« *par contumace que cinq ans après l'exécution par*
« *effigie.* »

Il est bien évident que la disposition qui frappe de nullité le testament fait avant la condamnation à la peine perpétuelle, n'est pas une conséquence de l'interdiction légale. — Quelle que soit l'opinion qu'on adopte sur la portée de l'interdiction, il n'a jamais été contesté par ceux qui, comme moi, dénient à l'interdit l'exercice du droit de tester, que le testament antérieur à la condamnation ne soit l'objet d'aucune atteinte rétroactive, et puisse recevoir son exécution.

L'inefficacité d'une volonté dont l'expression remonte à une époque où la liberté de disposer existait pour le testateur, est plutôt le résultat d'une *indignité* que d'une *incapacité* (4), et notre savant maître, M. Demolombe en a fait la remarque, ce n'était pas par un lien logique, par une relation d'effet à cause que la nullité de tester était attachée à la mort civile ; c'était une peine accessoire indépendante de la mort civile, une peine accessoire supplémentaire. — A plus

(4) M. Demolombe, t. Ier, p. 220,

forte raison n'est-elle pas une dérivation de l'interdiction légale.

Il est bien évident encore que la disposition qui prive le condamné de la capacité de recevoir soit par donation entre-vifs, soit par testament, si ce n'est pour cause d'aliments, consacre un résultat qui ne dérivait pas de l'interdiction légale.

Ce n'est donc que de l'incapacité de transmettre soit par donation entre-vifs, soit par testament, que le rapporteur de la Commission du Corps législatif a pu dire (1) :

« Le projet de loi était nécessaire pour trancher la « question de savoir si l'homme interdit légalement « conserve le droit de disposer de ses biens.—Les « jurisconsultes les plus éminents sont, en effet, par- « tagés sur ce point. Selon les uns, l'interdit peut tout « faire, *aliéner*, *donner*, *tester* ; selon d'autres, parmi « lesquels Toullier, Duranton, Demante, Dalloz, il ne « peut rien faire. —Un tiers-parti, à la tête duquel « sont Merlin, Zachariæ, Valette, pense que l'in- « terdit peut disposer pour cause de mort, mais « non entre-vifs. Il importait donc de ne pas laisser « plus longtemps cette question livrée aux interpréta- « tions des jurisconsultes et à la variété des ar- « rêts. » (2)

L'art. 3, même dans la partie relative à l'incapacité

(1) Séance du 2 mai 1854.

(2) Voir M. Demolombe, *Cours de Code Napoléon*, t. Ier, n° 192, et aussi mon *Cours de Code pénal*, p. 275.

de transmettre par donation entre-vifs ou par testament, ne tranche nullement, à mon sens, la controverse qu'a soulevée l'art. 29 du Code pénal. Il n'implique ni l'admission ni le rejet de la théorie d'après laquelle les condamnés à des peines afflictives temporaires ne peuvent, pendant la durée de la peine, faire un testament. Il ne paralyse pas momentanément le droit de donner et de tester ; il anéantit le droit, et l'anéantit à ce point que la prescription de la peine principale ne lui rendrait pas la vie. L'incapacité de donner ou de tester survit à l'interdiction légale, qui ne dure qu'autant que la peine dure elle-même. La preuve décisive que l'incapacité de transmettre, à titre gratuit, entre-vifs, ou à cause de mort, n'est pas une conséquence de l'interdiction légale, c'est qu'elle ne commence que cinq années après l'exécution par effigie, quand il s'agit de condamnations par contumace. Or, l'interdiction légale date, elle, en ce qui concerne cette dernière espèce de condamnation, du jour de l'exécution fictive?

Le Commissaire du Gouvernement, M. Rouher, a assigné son véritable caractère à la disposition que nous commentons :

« C'est un hommage obligé à la morale, à la di-
« gnité de la loi, en même temps qu'un stigmate
« imprimé au front du criminel. Le législateur, en
« réglant les successions, a lui-même écrit, pour
« ainsi dire, le testament du père de famille ; il a fait
« par avance la répartition de ses biens, selon les de-
« voirs et les inspirations probables de l'affection ;
« tout ce qu'il a édicté sur cette matière porte le cachet

« de sa sollicitude et de sa haute sagesse ; et pourtant « il a reconnu au citoyen dont la situation sociale est « intacte, au citoyen pleinement investi de sa moralité, « le droit de déroger aux dispositions que la loi a con- « sacrées. Cette volonté du testateur devient alors « elle-même une loi que tous doivent respecter, que « les magistrats sont tenus de rendre exécutoire. »

L'élégance du langage n'a rien enlevé à l'exactitude des idées. Voilà la vraie pensée du législateur.

Mais le texte de l'art. 3 est-il irréprochable ?

Sous l'appellation de *donations entre-vifs* la loi a compris les donations de biens à venir faites par contrat de mariage, au moins en tant qu'il s'agit d'institutions contractuelles postérieures à la condamnation. Je me borne à vous signaler l'acception avec laquelle cette expression a été employée.

Les institutions contractuelles faites au condamné ou par le condamné, avant la condamnation, conservent-elles toute leur force ? Faites par l'agent condamné, elles ne tombent pas sous le coup du § 2 de l'art. 3. Le droit acquis des institués ne permettait pas de les assimiler aux testaments. Ces institutions ne tombent pas non plus sous le coup du § 1er du même article qui défend au condamné de disposer entre-vifs, mais ne réagit pas sur les dispositions déjà faites.

La question offre plus de difficulté pour les institutions contractuelles, antérieures, dont le condamné est le bénéficiaire ; en effet, le § 1er de l'art. 3 lui enlève la capacité de recevoir, depuis sa condamnation.

C'est à l'époque de l'ouverture de l'institution, au moment du décès de l'instituant, que l'institué doit être capable de recueillir le don de l'hérédité ; toutefois la discussion au Corps législatif semble révéler que la loi n'a entendu atteindre que les institutions postérieures à la condamnation (1). Pourquoi, en effet, la loi ne respecterait-elle pas, même dans le condamné, les droits acquis? pourquoi révoquerait-elle une institution irrévocable? pourquoi l'expropriation serait-elle légitime, parce qu'elle ne porterait que sur un droit conditionnel ?

Que la loi proscrive des libéralités qui, s'adressant à des agents déjà condamnés à des peines perpétuelles, pourraient avoir le caractère d'une protestation contre la condamnation, et seraient peut-être une rémunération du crime, rien de mieux. C'est là une disposition prudente qui n'a rien d'injuste.—Mais des libéralités qui ne dépendaient plus de la volonté du donateur, quand le donataire a été condamné, pourquoi seraient-elles déclarées non avenues ?

La formule législative a, je crois, excédé la pensée qu'elle avait à traduire.

L'incapacité de transmettre ou de recevoir par donation ou testament, quand elle résulte d'une condamnation par contumace, n'existe *que cinq ans après l'exécution par effigie*.

Conséquence :

(1) Voir, notamment, *Discours de M. Rigaud au Corps législatif*, séance du 2 mai 1854, *Moniteur* du 4.

Il faut appliquer l'art. 31 du Code Napoléon. Si le condamné par contumace meurt dans le délai de grâce de cinq années, sans s'être représenté ou sans avoir été saisi ou arrêté, il sera réputé mort dans l'intégrité de ses droits. Son testament, qu'il soit antérieur ou postérieur à la condamnation, sera valable (1); les libéralités qui lui avaient été faites seront maintenues. Il faudra également appliquer l'art. 29 du Code Napoléon : si le condamné par contumace à une peine perpétuelle se présente volontairement dans les cinq années, à compter du jour de l'exécution, ou s'il est saisi et constitué prisonnier dans ce délai, la condamnation sera anéantie de plein droit. Ce n'est qu'au cas où la condamnation contradictoire appliquerait encore une peine perpétuelle, qu'il y aurait incapacité, et elle ne daterait que du jour de l'irrévocabilité du second jugement. Enfin, si le condamné est arrêté ou se présente volontairement après cinq ans, mais avant la prescription de la peine, l'incapacité cessera pour l'avenir à partir de son arrestation ou de sa comparution, en cas d'acquittement ou de condamnation à une peine temporaire. La loi du 2 mai 1854 suppose incontestablement tout cela, bien qu'elle ne le dise pas expressément.

La loi nouvelle donne au Gouvernement la faculté de relever le condamné de l'incapacité de transmettre et de recevoir par donation ou testament.

J'ai examiné dans ma seconde leçon, sur *l'amnistie*

(1) Voir mon *Cours de Code pénal*, p. 218.

et la grâce, quel est le caractère du nouveau droit dont le pouvoir exécutif a été investi.

Est-ce un simple rappel du droit de grâce ? N'est-ce pas l'extension exceptionnelle de ce droit à une situation pour laquelle la réhabilitation était impuissante, parce qu'on ne réhabilite que le condamné libéré de la peine principale, et qu'ici il s'agit de détacher d'une peine, pendant qu'elle s'exécute, une peine accessoire qui y est annexée sans en être le corollaire indispensable ? — Le Gouvernement peut exonérer de la déchéance ; est-il armé de la faculté de la faire revivre ? En d'autres termes, la remise de l'incapacité est-elle irrévocable ? Cette remise peut-elle rétroagir sur les droits acquis du tiers ? J'ai examiné toutes ces questions, et je vous renvoie aux développements dans lesquels je suis entré pour leur solution (1).

Dans le cas de l'art. 4 de la loi du 2 mai 1854, la grâce décharge le condamné d'une incapacité qui intéresse les tiers. Je vous ai expliqué la raison de cette exception. Il s'agit de libérer le condamné de l'incapacité pendant la durée de la peine. Oh ! alors, la réhabilitation était impossible ; la condition *sine qua non* de la libération de la peine principale et d'une épreuve postérieure devaient nécessairement défaillir. — Cependant la loi voulait donner au Gouvernement les moyens d'encourager et de faciliter, par l'appât de droits à reconquérir, la régénération du condamné, sans qu'il y eût nécessité de le décharger de la peine principale.

(1) Voir : *Leçons de législation criminelle*, p. 32 et 33.

Voilà la cause de la prérogative exceptionnelle confiée au pouvoir exécutif. Ceci rappelé, la prérogative survit-elle à la cause ?

Si la peine perpétuelle du condamné a été commuée en une peine temporaire, et que cette peine temporaire soit subie, le condamné libéré devra-t-il avoir recours à la réhabilitation, et en remplir toutes les conditions, pour se faire relever des incapacités accessoires de la peine qui peuvent lui survivre? Je le crois.—L'exception facile à justifier dans les limites que, d'après moi, la loi lui assigne, n'aurait-elle pas quelque chose d'exorbitant, si on lui donnait une extension en dehors du but à atteindre ?

L'art. 4 qui autorise le Gouvernement à relever, en tout ou en partie, le condamné des incapacités prononcées par l'art. 3, l'investit-il de la prérogative de revalider le testament que le condamné aurait fait avant sa condamnation à une peine perpétuelle ?

Non, incontestablement, si le condamné était mort dans les liens de l'incapacité de transmettre à titre de libéralité. —Cette grâce posthume serait rétroactive ; elle enlèverait aux héritiers du sang une succession qui leur était acquise.

Mais je suppose que le condamné vive. Le Gouvernement, pendant l'exécution de la peine principale, lui rend la capacité de donner et de tester.—Le testament annulé par une condamnation est-il de plein droit revalidé ? — Sans doute, la grâce n'opère que pour l'avenir ; elle respecte les droits acquis. —Mais la succession n'étant pas ouverte, aucun droit n'est brisé ;

le condamné ne pourrait-il pas refaire son testament? Pourquoi exiger de lui une expression nouvelle de volonté? — Je crois que le testament ne revit pas ; la loi l'a révoqué. — Rien ne garantit que le condamné n'a pas changé de volonté, s'il n'a pas fait de révocation ; c'est peut-être justement parce qu'il a considéré que le témoignage de ses anciennes intentions avait perdu toute valeur, et ne subsistait plus. Voilà l'argument de raison.—Voici l'argument juridique. — La nullité du testament fût-elle le résultat de l'incapacité, l'incapacité n'est remise que pour l'avenir. — Mais la nullité du testament n'est pas une suite, une conséquence de l'incapacité de tester, parce que la capacité de tester existait encore au moment où les dispositions testamentaires ont été faites. Or, l'art. 4 ne donne pas au Gouvernement le droit de faire remise d'une nullité que la loi a attachée à la condamnation. — A mon sens, la remise même expresse de cette nullité serait inefficace.—Cette question n'est pas sans importance. Supposez que le condamné ne soit plus dans un état mental qui lui permette d'exprimer valablement sa volonté : dépendra-t-il du Gouvernement d'attribuer à son choix la succession à l'héritier du sang ou à l'héritier institué?

Ce que j'ai dit de la prérogative conférée au Gouvernement par l'art. 4 de la loi du 2 mai 1854, en ce qui concerne le testament antérieur à la condamnation, appliquez-le à la réhabilitation. La réhabilitation du condamné n'entraîne pas la réhabilitation de sa volonté testamentaire.

La loi nouvelle donne aussi au Gouvernement le droit d'appeler le condamné à l'exercice, *dans le lieu d'exécution de la peine,* des droits civils ou de quelques-uns de ces droits dont il a été privé par son état d'interdiction légale. La concession que le Gouvernement est autorisé à faire n'est-elle faite qu'à titre d'épreuve, précairement et sauf révocation?

Je vous renvoie encore, pour cette question, à ma seconde leçon sur *l'amnistie et la grâce* (1).

L'art. 4 semble limiter et *localiser*, *dans le lieu de l'exécution de la peine,* l'effet des actes passés par le condamné, en vertu des droits civils dont l'exercice lui a été rendu; cette restriction ne se conçoit pas très bien. La loi a-t-elle voulu dire que les actes faits par le condamné, par suite de la restitution totale ou partielle de ses droits civils, ne seront valables que sur le théâtre où il subira sa condamnation, et qu'ils seront sans force partout ailleurs? L'interdiction légale, suivant moi, est un obstacle au mariage. Le Gouvernement lève cet obstacle. Est-ce que le mariage contracté par l'interdit ne sera pas, *en tous lieux,* un mariage légitime?

Voulez-vous que l'interdiction n'enlève au condamné qu'elle enlace de ses liens, que l'usage des droits qui peuvent s'exercer par un intermédiaire, par un tuteur? Supposez que l'interdit ait fait personnellement, et par suite de la concession du Gouvernement, un emprunt dans le lieu de l'exécution de la peine; est-ce que son obligation ne sera pas valable et susceptible

(1) Voir *Leçons de législation criminelle*, p. 33, 34 et 35.

d'exécution sur tous ses biens, quelle qu'en soit l'assiette, sous la seule condition qu'ils ne seront pas de ceux que la loi frappe d'indisponibilité ? Est-ce qu'elle n'engagera pas tous les biens qu'il a acquis ou qui ont été acquis à titre onéreux, en son nom, depuis la condamnation, et cela sans égard à leur situation ? Mais alors l'exercice des droits civils pourra s'étendre bien en dehors du lieu de l'exécution de la peine.

La loi a-elle voulu dire qu'en dehors du lieu auquel la peine attacherait le condamné, il ne pourrait se donner une représentation autre que celle qui résulterait de l'organisation de la tutelle ? Mais pourquoi ne pourrait-il pas faire faire, par *un mandataire de son choix*, ce que le Gouvernement lui aurait restitué le droit de faire lui-même directement ?

Cette disposition rappelle la disposition de l'article 18 du Code pénal de 1810, qui autorisait le Gouvernement à accorder au déporté, dans le lieu de la déportation, et ce, nonobstant la mort civile, l'exercice de l'ensemble ou de partie des droits dont la loi l'avait privé.

« Par cette disposition d'une politique bienfaisante, « disait d'Haubersart, dans l'exposé des motifs du 12 « février 1810, le déporté sera provoqué à mériter, « par une conduite sage et laborieuse, de récupérer « la vie civile et d'acquérir l'état de colon ; ce sera « l'encourager à devenir meilleur, et ce ressort ne sera « pas moins utile au bien de la colonie, qui est inté- « ressée à compter des citoyens plutôt que des captifs, « et à les fixer dans son sein par l'attrait de la pro- « priété et les liens de la vie civile. »

Le procès-verbal de la séance du Conseil d'Etat du 21 février 1809, prouve que les difficultés qu'offrait, dans la pratique, l'application de cette exception, n'avaient pas échappé à la sagacité de l'Empereur.

L'art 18 est discuté :

« Sa Majesté demande comment la section entend « concilier, avec le système de la déportation, la pos- « sibilité de restituer au déporté ses droits civils, en « tout ou en partie.

« Treilhard observe qu'il ne s'agit de les leur ren- « dre que dans le lieu de la déportation.

« Regnaud dit alors qu'il n'est pas possible de pla- « cer les déportés dans un lieu habité : les origi- « naires du pays répugneraient à se voir mêler avec « des hommes flétris par la justice. Il faut donc, avant « tout, s'entendre sur la colonisation des déportés ; « on ne peut que créer un établissement pareil à celui « de Botany-Bey, où se borner à une simple relé- « gation.

« Defermon dit qu'un déporté peut rendre des « services qui expient ses fautes précédentes. Si, par « exemple, il repoussait les ennemis de l'Etat, les « habitants seraient les premiers à demander qu'il « devînt citoyen d'un pays qu'il aurait contribué à « sauver.

« Sa Majesté dit qu'il n'est pas nécessaire de réunir « les déportés dans un lieu qui ne soit habité que par « eux : il suffit de leur assigner un canton, par exem- « ple de six lieues carrées, dans un pays où il se trouve « d'autres habitants. *Si on leur rendait ensuite leurs*

« *droits civils, ils en jouiraient dans cette circonfé-*
« *rence et pas au-delà*; mais il y a bien d'autres
« questions à décider. Par exemple, un déporté qui
« aura recouvré ses droits civils dans le lieu de la dé-
« portation pourra-t-il tester? S'il était marié au mo-
« ment de sa condamnation, pourra-t-il se remarier?
« La matière de la déportation exige un chapitre tout
« entier. Sa Majesté renvoie cette partie du projet à la
« section pour lui donner les développements conve-
« nables. »

Les développements, les éclaircissements, ainsi appelés ne furent pas donnés ultérieurement.

La loi du 28 avril 1832 supprima, dans l'article 18, les mots restrictifs : *dans le lieu de la déportation.* Elle fit ainsi disparaître une limitation dont la portée n'était pas nettement déterminée.

L'article 3 de la loi du 8 juin 1850, déclara que les condamnés à la déportation simple auraient, nonobstant l'interdiction légale, l'exercice des droits civils dans le lieu où ils subiraient leur peine. Vous savez que l'exécution de la déportation ne devait plus entraîner la mort civile.

« Pour les déportés du second degré, lisons-nous
« dans le rapport fait à l'Assemblée nationale législa-
« tive, le 9 février 1849, par M. Rodat, l'interdiction,
« *absolue partout ailleurs,* cessera dans le lieu de la
« déportation ; là, mais là uniquement, ils auront
« l'exercice des droits civils. » Et plus loin, en parlant du condamné à la déportation simple : « Dans le lieu
« assigné à son châtiment et d'où il lui est interdit de

« sortir, il doit être libre ; il ne faut pas que sa liberté « soit gênée et rendue, pour ainsi dire, stérile par les « entraves de l'interdiction et de la tutelle ; seulement « il est nécessaire que les limites matérielles dans les- « quelles l'exercice de la liberté est circonscrit bornent « également celui de ses droits civils, *et l'effet des « engagements qu'il pourra contracter, des actes « qu'il fera.* »

M. Rodat entendait donc que les actes faits par le déporté, *dans le lieu de la déportation*, n'auraient de force, de conséquences juridiques, que dans ce lieu. Mais alors pourquoi la dernière disposition de l'art. 3 de la loi du 8 juin 1850 ?

« Il pourra leur être remis (aux déportés simples), « avec l'autorisation du Gouvernement, tout ou partie « de leurs biens. Sauf l'effet de cette remise, les actes « par eux faits dans le lieu de la déportation ne « pourront engager ni affecter les biens qu'ils possé- « daient au jour de leur condamnation, ni ceux qui « leur seront échus par succession ou donation. »

Si les actes du déporté n'avaient de vie que *dans le lieu de la déportation*, à quoi bon dire qu'ils n'engageraient pas les biens acquis antérieurement à la condamnation, et ceux recueillis depuis à titre gratuit? cette disposition ne serait faite que pour empêcher d'exécuter les obligations du déporté sur ceux des biens de cette origine qui seraient situés dans le lieu de la déportation? Il est évident que ce n'est pas pour cette hypothèse spéciale, et tout-à-fait exceptionnelle, que la dernière disposition de l'art. 3 a été faite.

J'insiste sur cette considération, parce que l'art. 4 de la loi du 2 mai 1844, qui soulève la même question, fournit le même élément de décision.

« Les actes faits par le condamné, dans le lieu d'exé- « cution de la peine, ne peuvent engager les biens « qu'il possédait depuis sa condamnation, ou qui lui « sont échus à titre gratuit, depuis cette époque. »

Pourquoi déclarer les biens dont le condamné était saisi au moment de la condamnation, et ceux qu'il a recueillis depuis à titre gratuit, indisponibles, si ses actes ne pouvaient avoir d'effet que sur le théâtre de l'exécution de la peine?

Le condamné auquel le Gouvernement a rendu le droit de disposer par donation ou testament, conformément au droit commun, peut-il donner ou léguer les biens dont il était propriétaire au moment de sa condamnation, ou qui lui sont échus depuis à titre gratuit? —Oui, si la capacité de faire des libéralités lui a été remise, comme elle peut l'être, d'une manière absolue. Ce dernier paragraphe de l'art. 4 n'a trait qu'aux actes que le condamné, demeuré incapable de transmettre, à titre gratuit, acquiert le droit de faire personnellement par la restriction de l'interdiction légale, c'est-à-dire qu'il ne s'applique qu'à la libération partielle de la tutelle, et ne limite nullement les conséquences de la remise des incapacités écrites dans l'art. 3. Le § 3 de l'art. 4 ne se réfère qu'au § 2 du même article; il ne réagit point, pour le limiter, sur le § 1er.

L'affranchissement de l'incapacité de transmettre par donation entre-vifs ou par testament, ne résulte pas de la main-levée de l'interdiction dans le lieu de l'exécution de la peine ; mais cet affranchissement implique la main-levée au moins partielle de l'interdiction, puisqu'il ne serait efficace, au moins pour le testament, qu'à la condition que le condamné pourrait exercer par lui-même la capacité recouvrée. A la rigueur, pour la donation, le condamné pourrait être représenté par un tuteur. Mais pourquoi l'intervention d'un tuteur, qui agirait non pas en vertu de son droit d'administration, puisqu'une disposition à titre gratuit excède les limites du droit d'administration, mais comme un mandataire donné à l'avance par la loi au condamné pour le cas où le droit de disposition lui serait rendu ? L'affranchissement de l'incapacité de transmettre par donation ou par testament, a beaucoup plus d'importance que la main-levée partielle de l'interdiction, et elle suppose que le condamné pourra user, sans entraves, de la liberté dont il est ressaisi.

Lorsque le condamné à une peine perpétuelle aura été relevé de l'incapacité de transmettre, par donation entre-vifs ou par testament, les actes à titre onéreux qu'il souscrira dans le lieu d'exécution de la peine engageront-ils de plein droit les biens dont il était saisi au moment de sa condamnation, ou qu'il a recueillis depuis à titre gratuit ? La négative semble résulter des termes absolus du dernier paragraphe de l'art. 4. Toutefois, est-ce bien là véritablement la pensée de la loi? On comprend que le condamné, qui ne peut disposer à titre gratuit d'aucune classe de biens, ne puisse s'obliger que sur les biens qu'il aura acquis, ou qu'on aura acquis en son nom depuis sa condamnation. Mais comprendrait-on que la loi se montrât plus facile pour les dispositions à titre gratuit que pour les dispositions à titre onéreux, et qu'elle voulût que les libéralités pussent embrasser toutes les classes de biens, quand les actes d'administration et d'affaires n'auraient d'action que sur les biens d'une certaine origine ?

Je vous signale quelques-unes des principales difficultés qui naissent de la loi nouvelle. Ma discussion a moins pour but de les résoudre que de vous les bien faire saisir. Je n'ai pas la prétention de devancer l'œuvre du temps et de faire à la hâte, précipitamment, ce que la doctrine et la jurisprudence ne parviendront à faire qu'après beaucoup d'hésitations et de tâtonnements. C'est un essai préparatoire que j'ai tenté avec vous, et qui aura toujours pour résultat de vous familiariser avec des textes qui ne répondent pas, et qui ne pouvaient pas répondre à toutes les questions que la pratique leur adressera.

En résumé, l'état civil du condamné à une peine perpétuelle ne différera de l'état civil du condamné à une peine afflictive temporaire, qu'en ce qu'il entraîne l'incapacité de recevoir à titre de donation et de testament. Quant à l'incapacité de disposer à titre de donation ou de testament, elle résulte implicitement de l'interdiction légale ; et, partant, elle pèse sur le condamné à une peine temporaire comme sur le condamné à une peine perpétuelle. Seulement quand cette incapacité ne dérive que de l'interdiction légale, elle cesse avec la cause qui l'a produite, c'est-à-dire avec la peine principale, soit que le terme assigné à sa durée soit arrivé, soit qu'elle soit remise par la grâce, soit qu'elle soit prescrite.

Au contraire, l'incapacité de recevoir, en vertu de donation entre-vifs ou de testament, prononcée comme une conséquence des peines perpétuelles, survit à la grâce ou à la prescription si le Gouvernement n'a pas usé du pouvoir dont il a été investi d'en relever le condamné.

Je vous renvoie, sur ce point encore, aux développements dans lesquels je suis entré dans ma dernière leçon sur la prescription de la peine (1).

Il ne suffirait pas de proclamer que la mort civile ne serait plus attachée désormais à l'exécution des peines perpétuelles. Une pénalité qui a excité tant de scrupules, qui a si profondément inquiété la conscience publique, devait être détachée des condamnations antérieures et ne pas continuer à produire ses effets.

De là l'art. 5 :

« Art. 5. *Les effets de la mort civile cessent, pour* « *l'avenir, à l'égard du condamné actuellement* « *mort civilement, sauf les droits acquis aux tiers.*

« *L'état de ces condamnés est régi par les disposi-* « *tions qui précèdent.* »

Si les agents frappés de mort civile recouvrent la vie sociale qu'ils avaient perdue, il ne la recouvrent que pour l'avenir et sauf les droits acquis des tiers. Ainsi les biens dont ils ont été expropriés, au profit de

(1) V. *Leçons de législation criminelle*, leçon V, p. 129 et 130.

leurs successibles, ne leur seront pas rendus : les droits recueillis à leur exclusion restent dans les mains où ils sont, et ne rentrent pas dans les leurs; seulement, pour les successions et autres droits qui s'ouvriront depuis la loi, on ne pourra plus leur opposer la rupture des liens de famille, en un mot, la mort fictive, puisque la loi a substitué à la fiction la vérité. Le mariage dissous n'est pas rétabli par la loi nouvelle : il n'y a pas à distinguer entre le cas où l'époux du condamné a contracté une nouvelle union et le cas où il a conservé son état de veuvage. La rupture du lien conjugal, à la différence de la rupture du lien de famille, doit être considérée comme un droit acquis. L'indépendance faite par la loi à l'époux du condamné, ne saurait lui être enlevée rétroactivement, alors même qu'il n'en aurait pas usé. Cette solution qu'imposent les principes résulte de la discussion de la loi nouvelle.

Un amendement avait été proposé dans le but de donner des facilités aux époux qui voudraient profiter de leur liberté pour renouer le lien qui les unissait. On demandait qu'une simple déclaration, faite en commun par les deux parties, devant l'officier de l'état civil, tînt lieu de toutes les formalités préalables, et eût les effets d'une célébration nouvelle. C'était une sorte de *réhabilitation* du mariage ; c'était l'expression d'une partie de la pensée qui avait dicté les art. 4 et 5 du projet de loi proposé à l'Assemblée législative par la Commission dont M. Demante fut l'éloquent organe. Cet amendement, qui impliquait cependant que la dissolution du mariage était un droit acquis, puisqu'il ne permettait de le faire revivre qu'à la condition du consentement mutuel, a été repoussé (1).

Mais la rupture du lien conjugal sera-t-elle considérée, pour l'époux condamné lui-même, comme un droit acquis? Puisera-t-il, dans sa condamnation, un titre pour contracter un nouveau mariage pendant la vie de l'autre époux? Oui; le condamné ne peut être considéré à la fois comme non marié et comme marié. La loi ancienne opérait violemment un divorce, et la liberté de l'un des époux implique la liberté de l'autre. Le projet de loi proposé à l'Assemblée nationale, au nom de la Commission dont M. Demante était le rapporteur, interdisait le mariage et au condamné qui recouvrait la vie civile et à son époux qui n'avait pas convolé; il ne leur imposait pas une réunion, mais il leur défendait toute union nouvelle. On avait voulu rendre hommage au principe de l'indissolubilité de l'union conjugale; mais on ne faisait pas à l'époux condamné une position autre qu'à l'époux non condamné.

Si la loi nouvelle fait cesser, pour l'avenir, la mort civile résultant de l'exécution des condamnations contradictoires antérieures ou de l'expiration de cinq ans depuis les condamnations par contumace, elle soumet ceux qu'elle libère de cet état au régime nouveau, c'est-à-dire à la dégradation civique, à l'interdiction

(1) M. Demolombe, *Cours de Code Napoléon*, I, n° 232. — Mon *Cours de Code pénal*, p. 268 et 269.—*Leçons de législation criminelle*, p. 25.

légale et à l'incapacité de transmettre ou de recevoir par donation entre-vifs, ou par testament.

La déportation, aux termes de la loi du 8 juin 1850, n'entraînait plus la mort civile : elle n'entraînait que la dégradation civique et l'interdiction légale. Aujourd'hui, la déportation emportera, avec la dégradation civique et l'interdiction légale, l'incapacité de transmettre et de recevoir, soit par donation entre-vifs, soit par testament.

Cette dernière incapacité sera-t-elle attachée à la déportation pour crime commis antérieurement à la promulgation de la loi du 2 mai 1854?

La négative est écrite dans l'article 6.

Art. 6. « La présente loi n'est pas applicable aux « condamnations à la déportation pour crimes commis « antérieurement à sa promulgation. »

La loi nouvelle n'eût pu être appliquée sans violer les principes. En effet, les lois pénales ne rétroagissent pas, quand elles introduisent des aggravations de châtiments.

La loi nouvelle, en parlant des peines perpétuelles, a-t-elle entendu parler de la peine de mort? Oui, sans doute. Autrement, la mort civile étant abolie d'une manière absolue, où serait l'obstacle à l'exécution du testament du condamné? En second lieu, quelle serait la position de l'agent condamné par contumace à la peine de mort, après l'expiration de cinq ans? Serait-il capable de transmettre ou de recevoir par donation entre-vifs, ou par testament? Quelle serait, enfin, la position de l'agent condamné à la peine de mort, par une décision contradictoire, pendant tout le temps qu'il parviendrait à se dérober à l'exécution de la peine? Le régime, créé par la loi du 2 mai 1854, est applicable aux condamnés à la peine de mort, du jour de l'irrévocabilité de sa condamnation, et, partant, sa mort accidentelle, son suicide, ne valideraient pas son testament.

La loi du 2 mai 1854 est plus sévère que la loi proposée à l'Assemblée législative, dans le rapport de M. Demante, en ce qu'elle ajoute à la dégradation civique et à l'interdiction légale, l'incapacité de transmettre et de recevoir par donation entre-vifs ou par testament; sauf cette différence et sauf encore la différence sur les dispositions transitoires, que nous avons signalée relativement au mariage des agents frappés de mort civile, le fond des dispositions est identique.

On avait proposé un autre système : on voulait que le condamné à une peine perpétuelle fût, du jour de la condamnation devenue irrévocable, privé de l'exercice de ses droits civils. Tant qu'il n'aurait pas obtenu sa grâce ou prescrit sa peine, il n'aurait pu recevoir aucune libéralité par donation entre-vifs ou par testament, si ce n'est pour cause d'aliments. Son mariage n'aurait pas été dissous. La séparation de corps aurait seulement été une conséquence légale de la condamnation. Après la grâce obtenue ou la peine prescrite, il aurait été loisible à l'époux innocent de faire cesser les effets de cette séparation, en se réunissant volontairement à l'autre époux.

Les biens auraient été placés sous un régime analogue à celui de l'absence. Les héritiers du condamné, son époux et les personnes ayant des droits subordonnés à son décès, auraient eu la faculté d'exercer le droit conditionnel à eux afférent ; ils auraient obtenu un envoi en possession provisoire. Seulement leur droit ne serait devenu définitif et irrévocable qu'à la condition que le condamné mourût pendant qu'il subirait sa peine. L'ouverture de la succession serait restée en suspens, et aurait daté rétroactivement du jour de l'irrévocabilité de la condamnation, si l'agent était décédé avant la libération de sa peine, soit par la grâce, soit par la prescription.

Dans l'hypothèse où le condamné serait rentré dans la société par l'effet de la grâce ou de la prescription, les biens n'auraient été qu'un dépôt dans la main des envoyés en possession provisoire. Les dépositaires auraient conservé les fruits, moins un quart de ceux de la dernière année, comme rémunération de leur administration. Quant aux successions auxquelles le condamné aurait été appelé avant la libération de la peine, on aurait distingué entre les successions en ligne directe et les successions en ligne collatérale. Les successions collatérales auraient définitivement et irrévocablement appartenu aux successibles appelés à l'exclusion du condamné. Quant aux successions en ligne directe, elles auraient constitué un droit acquis ou un dépôt, suivant que le condamné serait ou ne serait pas mort sous le poids de la peine. La question de savoir si les appelés auraient été des propriétaires ou de simples administrateurs aurait été soumise aux éventualités de l'avenir. La grâce et la prescription eussent converti en un mandat légal une vocation héréditaire apparente, sauf, bien entendu, la rétention des fruits comme frais de garde et d'administration. En cas de condamnation par contumace à une peine perpétuelle, le condamné n'aurait été soumis à ce régime qu'après cinq ans écoulés depuis l'affiche de l'arrêt de condamnation.

Ce régime, qu'un de nos savants collègues (1) a proposé au législateur, et à l'appui duquel il a présenté de très ingénieux développements, avait peut-être l'inconvénient de ne pas, en réalité, abolir la mort civile. Ne la laissait-il pas subsister, au moins partiellement, et sous la condition que le condamné mourrait sous le coup de la peine? L'expropriation à la suite de l'irrévocabilité de la condamnation, n'était plus pure et simple; elle était éventuelle.

L'auteur de cette proposition reprochait, avec beaucoup de raison, à la mort civile de *créer aux parents du mort civilement un intérêt égoïste à le laisser mourir dans les prisons, et à l'empêcher de venir montrer un visage importun à ceux qui jouissaient de ses biens*. Mais ne s'exposait-il pas à aviver singulièrement cet intérêt dont il redoutait l'influence? Ne s'exposait-il pas à exciter les parents à entraver la grâce, à prévenir la prescription? Le retour du libéré n'aurait plus été seulement une inquiétude de cons-

(1) M. J. Cauvet, professeur de Droit romain à la Faculté de Caen, *Revue de Législation*, 1849, t. Ier, p. 372.

cience, une gêne. La libération de la peine eût été pour eux l'obligation de restituer les biens auxquels ils auraient pu s'attacher.

L'auteur de ce projet avait perdu de vue les mauvais sentiments de certaines natures. Tenait-il aussi assez de compte des bons, des affectueux sentiments qui pouvaient exciter les envoyés en possession à ne se considérer que comme des intermédiaires chargés de faire parvenir au condamné des ressources pour adoucir sa peine, ou même pour l'aider à s'y soustraire ?

LOI DES 2-31 MAI 1854,

PORTANT ABOLITION DE LA MORT CIVILE.

Art. 1er. La mort civile est abolie.

Art. 2. Les condamnations à des peines afflictives perpétuelles emportent la dégradation civique et l'interdiction légale établies par les art. 28, 29 et 31 du Code pénal.

Art. 3. Le condamné à une peine afflictive perpétuelle ne peut disposer de ses biens, en tout ou en partie, soit par donation entre-vifs, soit par testament, ni recevoir à ce titre, si ce n'est pour cause d'aliments.

Tout testament par lui fait antérieurement à sa condamnation contradictoire, devenue définitive, est nul.

Le présent article n'est applicable au condamné par contumace que cinq ans après l'exécution par effigie.

Art. 4. Le Gouvernement peut relever le condamné à une peine afflictive perpétuelle de tout ou partie des incapacités prononcées par l'article précédent.

Il peut lui accorder l'exercice, *dans le lieu de l'exécution de la peine*, des droits civils, ou de quelques-uns de ces droits, dont il a été privé par son état d'interdiction légale.

Les actes faits par le condamné, *dans le lieu d'exécution de la peine*, ne peuvent engager les biens qu'il possédait au jour de sa condamnation, ou qui lui sont échus à titre gratuit depuis cette époque.

Art. 5. Les effets de la mort civile cessent, pour l'avenir, à l'égard des condamnés actuellement morts civilement, sauf les droits acquis aux tiers.

L'état de ces condamnés est régi par les dispositions qui précèdent.

Art. 6. La présente loi n'est pas applicable aux condamnations à la déportation, pour crimes commis antérieurement à sa promulgation.

LOI DES 3-30 MAI 1854,

SUR L'EXÉCUTION DE LA PEINE DES TRAVAUX FORCÉS.

Art. 1er. La peine des travaux forcés sera subie, à l'avenir, dans des établissements créés par décrets de l'Empereur, sur le territoire d'une ou de plusieurs possessions françaises *autres que l'Algérie*.

Néanmoins, en cas d'empêchement à la translation des condamnés, et jusqu'à ce que cet empêchement ait cessé, la peine sera *subie provisoirement* en France.

Art. 2. Les condamnés seront employés aux travaux les plus pénibles de la colonisation et à tous autres travaux d'utilité publique.

Art. 3. Ils pourront être enchaînés deux à deux ou assujettis à traîner le boulet à titre de punition disciplinaire ou par mesure de sûreté.

Art. 4. Les femmes condamnées aux travaux forcés *pourront être conduites* dans un des établissements créés aux colonies; elles seront séparées des hommes et employées à des travaux en rapport avec leur âge et avec leur sexe.

Art. 5. Les peines des travaux forcés à perpétuité et des travaux forcés à temps ne seront prononcées contre aucun individu âgé de *soixante* ans accomplis au moment du jugement; elles seront remplacées par celle de la réclusion, soit à perpétuité, soit à temps, selon la durée de la peine qu'elle remplacera.

L'art. 72 *du Code pénal est abrogé.*

Art. 6. Tout individu condamné à moins de huit années de travaux forcés sera tenu, à l'expiration de sa peine, de résider dans la colonie *pendant un temps égal à la durée de sa condamnation.*

Si la peine est de huit années, il sera tenu d'y résider *pendant toute sa vie.*

Toutefois, le libéré pourra quitter momentanément la colonie en vertu d'une autorisation expresse du gouverneur. Il ne pourra, en aucun cas, *être autorisé à se rendre en France.*

En cas de grâce, le libéré ne pourra être dispensé de l'obligation de la résidence que par une disposition *spéciale des lettres de grâce.*

Art. 7. Tout condamné à temps qui, à dater de son embarquement, se sera rendu coupable d'évasion, sera puni de deux ans à cinq ans de travaux forcés.

Cette peine ne se confondra pas avec celle antérieurement prononcée.

La peine pour les condamnés à perpétuité sera l'application à la double chaîne pendant deux ans au moins et cinq ans au plus.

Art. 8. Tout libéré coupable d'avoir, contrairement à l'art. 6 de la présente loi, quitté la colonie sans autorisation, ou d'avoir passé le délai fixé par l'autorisation, sera puni de la peine d'un an à trois ans de travaux forcés.

Art. 9. La reconnaissance de l'identité de l'individu évadé ou en état d'infraction aux dispositions de l'art. 6, sera faite soit par le tribunal désigné dans l'article suivant, soit par la cour qui aura prononcé la condamnation.

Art. 10. Les infractions prévues par les art. 7 et 8, et tous crimes ou délits commis par les condamnés, seront jugés par un tribunal maritime spécial établi dans la colonie.

Jusqu'à l'établissement de ce tribunal, le jugement appartiendra au premier conseil de guerre de la colonie, auquel seront adjoints deux officiers du commissariat de la marine.

Les lois concernant les crimes et délits commis par les forçats et les peines qui leur sont applicables continueront à être exécutées.

Art. 11. Les condamnés des deux sexes qui se seront rendus dignes d'indulgence par leur bonne conduite, leur travail et leur repentir, pourront obtenir :

1° L'autorisation de travailler aux conditions déterminées par l'administration, soit pour les habitants de la colonie, soit pour les administrations locales ;

2° Une concession de terrain et la faculté de le cultiver pour leur propre compte.

Cette concession ne *pourra devenir définitive* qu'après la *libération du condamné.*

Art. 12. Le Gouvernement pourra accorder aux condamnés aux travaux forcés à temps l'exercice, *dans la colonie*, des droits civils, ou de quelques-uns de ces droits dont ils sont privés par leur état d'interdiction légale.

Il pourra autoriser ces condamnés à jouir ou *disposer* de tout ou partie de leurs biens.

Les actes faits par les condamnés, *dans la colonie*, jusqu'à leur libération, ne pourront engager les biens qu'ils possédaient au jour de leur condamnation ou ceux qui leur seront échus par succession, donation ou testament, *à l'exception des biens* dont la remise aura été autorisée.

Le Gouvernement pourra accorder aux libérés l'exercice, dans la colonie, des droits dont ils sont privés par les troisième et quatrième paragraphes de l'art. 34 du Code pénal.

Art. 13. Des concessions *provisoires ou définitives* de terrains pourront être faites aux individus qui ont subi leur peine et qui restent dans la colonie.

Art. 14. Un règlement d'administration publique déterminera tout ce qui concerne l'exécution de la présente loi, et notamment, 1° le régime disciplinaire des établissements de travaux forcés; 2° les conditions sous lesquelles des concessions de terrains, provisoires ou définitives, pourront être faites aux condamnés ou libérés, eu égard à la durée de la peine prononcée contre eux, à leur bonne conduite, à leur travail et à leur repentir; 3° l'étendue du droit des tiers de l'époux survivant et des héritiers du concessionnaire sur les terrains concédés.

Art. 15. Les dispositions de la présente loi, à l'exception de celles prescrites par les art. 6 et 8, sont applicables aux condamnations antérieurement prononcées et aux crimes antérieurement commis.

NOTE EXPLICATIVE.

La loi du 3-30 mai 1854, sur l'existence de la peine des travaux forcés, présente des questions qui mettent en jeu les principes sur la grâce et sur la prescription.

Cette loi impose, à titre de règle, la transportation, dans une des possessions françaises, autres que l'Algérie, des hommes condamnés aux travaux forcés à temps.

Ils seront employés aux travaux les plus pénibles de la colonisation et à tous autres travaux d'utilité publique. Ce n'est qu'en cas d'empêchement, et tant que cet empêchement durera, que la peine des travaux forcés pourra être subie en France.

La transportation pour les femmes condamnées aux travaux forcés n'est pas obligatoire, elle n'est que facultative. Lorsqu'elle aura lieu, les femmes seront placées dans des établissements où elles seront séparées des hommes et employées à des travaux en rapport avec leur âge et avec leur sexe.

Toute condamnation aux travaux forcés entraînera comme nécessité, pour le condamné libéré de sa peine, une résidence temporaire ou perpétuelle dans une colonie pénale ; cette résidence sera une *pénalité accessoire, une garantie sociale.* Si la peine est de moins de huit ans, la durée de la résidence dans la colonie sera égale à la durée de la peine principale que le condamné devait subir, et non pas seulement à la durée de la peine qu'il a, de fait, subie par suite de la grâce.

La grâce peut-elle dispenser de cette obligation de la résidence ?

L'art. 6 de la loi des 3-30 mai 1854 ne résout peut-être pas bien complètement la question.

La remise de toute la peine principale, ou de ce qui restait à courir de cette peine, n'entraîne pas de plein droit la dispense de l'obligation de la résidence ; cette dispense ne pourra résulter que d'une disposition expresse des lettres de grâce. Voilà ce que dit l'aricle 6.

La disposition finale de l'art. 6 ne s'applique qu'au cas de remise de la peine principale ; elle autorise le Gouvernement à remettre avec cette peine, et en même temps, la peine mitigée qui devrait succéder et qui tiendrait le condamné éloigné de sa famille et du siége de ses intérêts ; on a pensé qu'il importait que la grâce pût s'étendre aux deux peines, à la peine principale et à la peine accessoire, et cela, dans le but de prévenir le découragement du condamné et de favoriser son retour au bien.

Mais la grâce peut-elle dispenser de l'obligation de la résidence quand le condamné aura subi sa peine, ou même en aura obtenu remise, sans que les lettres aient renfermé la disposition spéciale dont parle l'art. 6? — La raison de la prérogative exceptionnelle, conférée au Gouvernement par l'art. 6, ne subsiste-t-elle pas? Sans doute la réhabilitation, dans ces deux hypothèses, ne serait pas toujours nécessairement impuissante. Le temps pourrait la rendre applicable; mais le régime de la colonie se concilierait-il toujours avec ses conditions ? D'ailleurs, la pensée de la loi n'a-t-elle pas été d'attribuer au Gouvernement un moyen d'exciter à une bonne conduite, et cette prérogative ne perdrait-elle pas une partie de son efficacité, si elle ne pouvait s'exercer que pendant le cours de l'exécution de la peine principale ?

L'article 12 autorise le Gouvernement à accorder aux condamnés aux travaux forcés à temps l'exercice, dans la colonie, des droits civils ou de quelques-uns des droits dont ils sont privés par leur état d'interdiction légale. Cet article a des affinités avec l'art. 4 de la loi des 2-31 mai 1854. Il soulève des questions que j'ai examinées, à savoir : Quel est le véritable sens de la *localisation, dans la colonie,* de l'exercice des droits civils ?

Les actes valables dans la colonie ne seront-ils pas valables ailleurs ? Ne seront-ils pas seulement sans force, sans conséquence sur les biens dont le condamné avait la propriété au jour de sa condamnation, ou dont il a acquis la propriété depuis, par succession, donation ou testament ? En dehors de la colonie, le condamné ne sera-t-il jamais représenté que par son tuteur (1) ?

La remise de certains biens au condamné, pour en jouir ou pour en disposer, ne sera-t-elle pas irrévocable (2) ?

La faculté accordée au Gouvernement de rendre l'exercice du droit de disposer, n'implique-t-elle pas que l'interdiction légale enlève le droit de disposition entre-vifs et testamentaire (3) ? Ce n'est, en effet, qu'aux peines perpétuelles que la loi attache, comme peine accessoire spéciale, l'incapacité de disposer à titre de donation ou de testament.

Quant aux peines temporaires, si, pendant leur durée, cette incapacité existe, ce ne peut être que par l'effet de l'interdiction légale. Le Gouvernement étant saisi du pouvoir d'accorder main-levée totale ou partielle de cette interdiction, il eût fallu excepter le droit de disposer entre-vifs ou par testament, si on eût voulu que l'exercice de ce droit ne pût être restitué au condamné. Le second paragraphe de l'art. 12 n'était pas nécessaire ; il n'est qu'une application du paragraphe premier.

(1) Voir *Leçons de Législation criminelle*, p. 152-157.

(2) Voir *Leçons de législation criminelle*, p. 33-35.

(3) Voir *Cours de Code pénal*, p. 275, et *Leçons de Législation criminelle*, p. 144-145.

La loi des 3-30 mai 1854 ne changeant que le mode d'exécution de la peine, a pu, sans rétroactivité, être appliquée aux condamnations antérieures à sa promulgation (1). Toutefois, l'obligation de la résidence, après l'exécution de la peine principale, n'ayant pas été attachée à ces condamnations par la loi sous l'empire de laquelle elles ont été prononcées, ne devait pas recevoir d'application ; elle eût constitué une véritable aggravation du sort du condamné ; elle eût eu le caractère d'une pénalité ajoutée après coup. Mais l'obligation de la résidence ne pourrait-elle pas, au moins, être imposée comme condition de lettres de grâce qui commueraient la peine des travaux forcés à perpétuité, prononcée sous l'ancienne loi, en peine des travaux forcés à temps? Je le croirais (2).

(1) *Cours de Code pénal*, p. 179-182.
(2) Voir *Cours de Code pénal*, p. 278-279.

TABLE.

PREMIÈRE LEÇON.

SOMMAIRE.

DEUXIÈME LEÇON.

SOMMAIRE.

TROISIÈME LEÇON.

SOMMAIRE.

QUATRIÈME LEÇON.

SOMMAIRE.

Prescription de l'action publique et prescription de la peine.— Fondement philosophique de la prescription. — Rejet des causes assignées à la prescription de l'action publique, par MM. Réal et Louvet au Corps législatif, et admises par MM. Le Sellyer, Rodière, Faustin Hélie.—Rejet des causes assignées à la prescription de la peine, par MM. Réal et Louvet, causes admises par MM. Boitard, Rodière, etc.— Indication de quelques-unes des conséquences de la solution à adopter sur cette question de principe.—Histoire. — Droit romain.—Ancien droit.—Droit intermédiaire.—Code pénal de l'Empire.—La durée de la prescription de la poursuite et de la prescription de la peine varie avec la classe de l'infraction à poursuivre ou de l'infraction jugée. — Durée de la prescription de la poursuite.—Pourquoi la prescription de la poursuite est-elle interrompue par un acte d'instruction, non-seulement à l'égard de l'agent poursuivi, mais encore à l'égard de l'agent non poursuivi ?—Critique d'un criminaliste. — Réponse. — Point de départ de la prescription de la poursuite.—Infractions instantanées.—Infractions continues.—*Quid* du recel ?—Le recéleur est-il protégé par la prescription qui protége le voleur ? — Dissidence avec MM. Le Sellyer et Faustin Hélie.—Infractions complexes.—Délit d'habitude d'usure.—Point de départ, pour ce délit, de la prescription de la poursuite. — Trois systèmes. — Influence de la loi du 19 décembre 1850.—Système de MM. Le Graverend, Le Sellyer, Faustin Hélie ; système de M. Rauter et de la Cour de cassation ; système intermédiaire.—Prescription de la peine. — Pourquoi la prescription de la peine est-elle plus longue que la prescription de la poursuite ? —

CINQUIÈME LEÇON.

SOMMAIRE.

SIXIÈME LEÇON.

SOMMAIRE.

que et l'interdiction légale sont-elles attachées à l'irrévocabilité de la condamnation, quand elle est contradictoire?—Peines accessoires spéciales attachées aux peines perpétuelles. — Incapacité de transmettre ou de recevoir par donation entre-vifs ou par testament. —Nullité du testament antérieur à la condamnation.—Cette nullité est-elle la conséquence d'une incapacité ou d'une indignité? — Opinion de M. Demolombe, applicable sous la loi nouvelle. — L'incapacité de recevoir par donation ou par testament, est-elle une conséquence de l'interdiction légale ?—Opinion du rapporteur de la loi du 2 mai 1854.—Critique.—Opinion de M. Rouher.—Les institutions contractuelles, postérieures à la condamnation, faites par le condamné, sont-elles comprises sous l'expression de donation entre-vifs? — *Quid* des institutions contractuelles antérieures ?—Pour les condamnations par contumace, l'incapacité ne frappe le condamné qu'après l'expiration de cinq ans.—Conséquences.—Faculté pour le Gouvernement de relever le condamné de l'incapacité de transmettre ou de recevoir par donation ou testament. — Quel est le caractère de cette faculté?—Le Gouvernement peut-il faire revivre l'incapacité dont il a fait remise pendant l'exécution de la peine principale ?—Lorsque la peine principale a été commuée et que le condamné en est libéré, est-ce par la voie de la grâce ou par la voie de la réhabilitation que le condamné peut se faire décharger de l'incapacité de transmettre ou de recevoir? — Le Gouvernement peut-il revalider le testament fait par l'agent, plus tard condamné à une peine perpétuelle?—Y a-t-il des distinctions à faire?—Quel est le caractère de la faculté accordée au Gouvernement d'appeler le condamné à l'exercice, dans le lieu d'exécution de la peine, de l'ensemble ou de partie des droits civils?—La concession de ces droits est-elle précaire et révocable?—Quelle est la portée de la restitution de l'exercice des droits civils *dans le lieu d'exécution de la peine?*— Précédents.—Art. 18 du Code pénal.—Réforme du 28 avril 1832.—Art. 3 de la loi du 8 juin 1850.—Le condamné auquel

505.— Caen, imp. adm. et com. B. de Laporte et Cᵉ, rue St-Étienne. 120.

OUVRAGES DU MÊME AUTEUR:

Cours de Code pénal.—Explication théorique et pratique des dispositions préliminaires et des deux premiers livres du Code pénal.—1854.—In-8°............. 7 fr.

De l'Hypothèque légale des femmes mariées sur les conquêts de la communauté.—Monographie.—1852, in-8°......................... 3 fr.

De la Subrogation à l'hypothèque légale des femmes mariées.—Etude critique. 1853, in-8° 4 fr.

Cours de Code Napoléon.—Traité de l'état des personnes, par M. DEMOLOMBE.—8 volumes in-8°... 64 fr.

Chaque traité se vend séparément :

1° De la Publication, des Effets et de l'Application des lois en général;—de la Jouissance et de la Privation des droits civils;—des Actes de l'état civil;—du Domicile. (Cod. Nap., art. 1 à 111).—In-8°......................... 8 fr.

2° De l'Absence (Cod. Nap., art. 112 à 143).—In-8°.. 8 fr.

3° Du Mariage et de la Séparation de corps (Cod. Nap., art. 144 à 311).—2 vol. In-8°................. 16 fr.

4° De la Paternité et de la Filiation (Code Nap., art. 312 à 352).—In-8°.............................. 8 fr.

5° De l'Adoption et de la Tutelle officieuse;—de la Puissance Paternelle (Cod. Nap., art. 343 à 387).—In-8°.... 8 fr.

6° De la Minorité, de la Tutelle et de l'Émancipation, de la Majorité, de l'Interdiction et du Conseil judiciaire;—Des individus placés dans un établissement public ou privé d'aliénés (Cod. Nap., art. 388 à 515).—2 vol. in-8°.. 16 fr.

—2e *livre.*—De l'Usufruit, de l'Usage et de l'Habitation (t. IX et X). Art. 516 à 636.—2 vol. in-8°........... 16 fr.

Caen.—Typ. B. de Laporte.

www.ingramcontent.com/pod-product-compliance
Ingram Content Group UK Ltd.
Pitfield, Milton Keynes, MK11 3LW, UK
UKHW020325230726
13925UKWH00002B/625

9 782014 084528